Technische Zivilisation

D1828257

Jost Halfmann (Hrsg.)

Technische Zivilisation

Zur Aktualität der Technikreflexion in der gesellschaftlichen Selbstbeschreibung

Leske + Budrich, Opladen 1998

Gedruckt auf säurefreiem und altersbeständigem Papier.

ISBN 3-8100-1820-1

© 1998 Leske + Budrich, Opladen

Das Werk einschließlich aller seiner Teile ist urheberrechtlich geschützt. Jede Verwertung außerhalb der engen Grenzen des Urheberrechtsgesetzes ist ohne Zustimmung des Verlages unzulässig und strafbar. Das gilt insbesondere für Vervielfältigungen, Übersetzungen, Mikroverfilmungen und die Einspeicherung und Verarbeitung in elektronischen Systemen.

Satz: Leske + Budrich, Opladen
Druck: Druck Partner Rübelmann, Hemsbach
Printed in Germany

Inhalt

Teil III: Technische Zivilisation als Thema

Einleitung
Technische Zivilisation
Zur Wiederaufnahme eines klassischen Topos

Jost Halfmann

Die Beschreibung der modernen Gesellschaft als „technische Zivilisation" kann auf eine mehr als hundertjährige Geschichte zurückblicken, aber sie hat immer noch nicht an Aktualität verloren. Autoren der verschiedensten disziplinären und politischen Provenienz verwenden diese Formel, um einen Zugriff auf Kernzüge der modernen Gesellschaft zu gewinnen. Die Konnotationen dieser Formel haben sich sicher geändert. Wurde im 19. Jahrhundert „technische Zivilisation" zum Signum eines unaufhaltsamen Fortschritts des industriellen Kapitalismus, der die Menschen zum Guten oder Schlechten in den Sog seiner Dynamik zieht, so wird heute mit „technischer Zivilisation" eher exzessiver Naturverbrauch assoziiert, der die Rückseiten der industriellen Produktionsweise anzeigt. Immer aber wird „technische Zivilisation" mit einer „Dialektik", der Verbindung von zwei konfliktorischen evolutionären Triebkräften in Verbindung gebracht: Technik wirkt als Katalysator des Mensch-Natur-Verhältnisses, der zugleich eine Humanisierung der Natur und eine Naturalisierung des Menschen auslöst.

Die empirische und philosophische Anthropologie arbeitet mit der Prämisse, daß Technik am Anfang der „Zivilisierung" des Menschen stehe, daß Technik eine entscheidende Rolle bei der Herausbildung gesellschaftlicher Infrastrukturen gespielt habe und weiter spiele. Der Einsatz von Technik verwandelt „natürliche" in „künstliche" Natur, er unterwirft die Natur der menschlichen Willkür, und die in Technik eingebauten Verselbständigungsimpulse zwingen zugleich die Menschen unter die technische Rationalität, die zuweilen als Rache der Natur an ihrer Überwältigung durch den Menschen gedeutet werden. Naturbeherrschung, die im Namen der Etablierung einer vernünftigen Ordnung der Welt betrieben wird, wird mit Entfremdung und Entäußerung der Menschen erkauft. Dieses Bild ist im 19. Jahrhundert am eindringlichsten in Marx' Entfremdungslehre und im 20. Jahrhundert in Adornos und Horkheimers „Dialektik der Aufklärung" gezeichnet worden. Immer ist die Spannung von Mensch und Natur unter dem Eindruck moderner Wissenschaft und (industrieller) Technik thematisch. Dennoch wird – mit Ausnahme radikalökologischer Beiträge – auch heute die Unentbehrlichkeit, ja sogar Unvermeidbarkeit der Technik für die Gesellschaft anerkannt, nicht zuletzt in Standortdebatten zur nationalstaatlichen und nationalökonomischen Konkurrenzsituation.

Die hier versammelten Aufsätze gehen – mit Ausnahme des Artikels des Herausgebers – auf Vorträge am Institut für Soziologie der TU Dresden in den Jahren 1995 und 1996 zurück. Die Vortragsreihe stand unter dem übergreifenden Thema „Technische Zivilisation“. Ihr Ziel war, Repräsentanten aus Philosophie, Geschichtswissenschaft und Sozialwissenschaft zu bitten, an je verschiedenen Themen und mit ganz unterschiedlichen wissenschaftlichen Weltbildern die Aktualität des Konzepts „technische Zivilisation“ zu prüfen. Nicht alle Vorträge, die im Rahmen der Reihe gehalten wurden, sind in diesem Band versammelt. Wolfgang van den Daeles Darlegungen „Über den Umgang mit hypothetischen Risiken. Diskursergebnisse aus einer partizipatorischen Technikfolgenabschätzung“ und Joachim Radkaus Beitrag „Deutsche Wege in der Technikgeschichte vor und nach 1945“ sind an anderer Stelle veröffentlicht worden.

Der Band ist in drei Teile gegliedert. Im ersten Abschnitt „Grundlagen und Folgen der technischen Zivilisation“ stehen die Aufsätze zweier Philosophen, die das Konzept der „technischen Zivilisation“ zur Prämisse ihrer Problemstellung machen. *Jürgen Mittelstraß* diskutiert die Zentralstellung von Innovation für den Fortbestand der Leonardo-Welt, der modernen technischen Zivilisation. Mittelstraß gehört zu der abnehmenden Zahl derer, die man zu den besonnenen, aber expliziten Anhängern dessen zählt, was er die Leonardo-Welt nennt. Die Leonardo-Welt ist – um aus seinem gleichnamigen Buch („Leonardo-Welt. Über Wissenschaft, Forschung und Verantwortung“, Suhrkamp 1992) zu zitieren – „eine Welt, in der sich das epistemische und das technische Wesen des Menschen, in der sich die Verfügungsgewalt des Menschen, gestützt auf den wissenschaftlichen und technischen Verstand, eindrucksvoll zum Ausdruck bringen“ (S. 14). In seinem Beitrag geht Mittelstraß auf die der Innovation zugrundeliegende epistemischen Voraussetzungen ein: Erkennen geht dem Erfinden voraus. Erkennen ist Unterscheidungsgebrauch, d.h. Selektion aus einer unüberschaubaren Menge von Möglichkeiten, und deswegen kann Entdecken Überraschungen produzieren. Entdecken läßt sich durch Reflexivität steigern: Erfinden ist Konstruktion dessen, was entdeckt wird. Die Leonardo-Welt ist der Endpunkt des evolutionären Aufstiegs von Erkennen über Entdecken zu Erfinden, auf der Überbietung der Aristoteles- und der Kolumbus-Welt. Mittelstraß verschweigt nicht die Rückseiten einer „technischen Kultur“: die Leonardo-Welt sei durch einen Verlust der Balance von Verstand und Vernunft, also durch die Erosion der Urteilskraft gekennzeichnet. Mittelstraß neigt jedoch nicht zum Risikoalarmismus und ökologischen Fatalismus. Im Gegenteil: er traut gerade der wissenschaftlichen Rationalität zu, genug innovatives Potential aus sich hervorzutreiben, um zu einer (wie immer lokal und temporär begrenzten) Lösung der Folgenbearbeitung der technischen Kultur zu gelangen. Dies allerdings könne nur in Verbindung mit der Wiederherstellung der Urteilskraft, einem verantwortlichen Einsatz von technischer Rationalität gelingen.

Gernot Böhme geht der Frage nach, wie das Vordringen von Technik zu Veränderungen von ehemals „natürlichen" Vorgängen der sinnlichen Wahrnehmung führt. Es geht ihm vor allem um die Veränderungen, die Technik in der Selbstbeschreibung des Menschen auslöst, wenn ihre Auswirkungen auf die Wahrnehmung deutlich werden. Böhme kritisiert die Prämisse der technikphilosophischen und – anthropologischen Tradition, daß Technik, wenn sie als Organoptimierung verstanden wird, die Operationen der Organe selbst nicht affiziere. Die Wahrnehmungsorgane und die Reflexion auf Wahrnehmung verändern sich vielmehr durch Technisierung erheblich. Böhme diskutiert zwei Beispiele: Galileis Fernrohr und pränatale Diagnosetechnik. Die Weigerung einiger Zeitgenossen Galileis, durch das Fernrohr zu schauen, war insofern nicht unbegründet, als unterschiedliche technische Auffassungen vom Sehen aufeinanderstießen. Es war nicht per se evident, daß das Bild, das im Blick durch das Teleskop entstand, nicht im Teleskop erzeugt wurde, sondern etwas jenseits des Teleskops zeigte. Die Endoskopie im Kontext der pränatalen Diagnostik konstruiert ein Bild vom Inneren des Mutterleibs nicht auf der Basis von Licht-, sondern von Schallwellen, sie ist also nicht Photographie, sondern Photogonie. Photogonie konstruiert die Sichtbarkeit des Embryos in einem Entwicklungsstadium, das bisher der (wie immer technisch gestützten) Wahrnehmung nicht zugänglich war, und affiziert damit die körperliche Selbstwahrnehmung von Frauen nachdrücklich. Beide Beispiele demonstrieren, wie Technik sinnliche Wahrnehmung – auch die, die selbst nicht direkt technisch vermittelt ist – formt. Diese veränderte Form der Wahrnehmung kann sich in der Selbstreflexion von Menschen als Selbstobjektivierung oder gar Entfremdung niederschlagen.

Unter der Überschrift „Technische Zivilisation und Natur" folgen zwei Beiträge, die den Naturbezug unter Bedingungen technischer Zivilisation thematisieren. *Klaus Eder* zeigt auf, wie sich die Codierung der Natur unter dem Eindruck des gestiegenen Naturverbrauchs wandelt. Natur werde nicht mehr im Kontext eines technischen Diskurses thematisiert, der sich in Diskurse von technischen Experten und technikkritischen Laien ausdifferenziert habe. Vielmehr werde Natur nun im Rahmen eines ökologischen Diskurses debattiert. Anstelle der Naturcodierung „technisch/nicht-technisch" trete nun die Differenz „rein/unrein" in den Vordergrund. Neu sei an dieser Umstellung, daß Natur als „Umwelt" zum Thema öffentlicher Diskurse werde, die prinzipiell allen zugänglich seien. Dies habe zur Folge, daß wissenschaftliche Aussagen über Natur kontrovers würden, daß zugleich Natur zu einem schützenswerten Kollektivgut werde und als „reine Natur" zu einem positiven sozialen Wert werde. Eder macht einen Vorschlag zur Erklärung der Zunahme an umweltbezogenen Diskursen. Eder sieht Selbstverstärkungseffekte am Werk, die aus der Dynamik der an der umweltdiskursiven Arena beteiligten Akteure hervorgehen. Dabei spielen Prozesse der Institutionalisierung von Umweltbewegungen eine Rolle, deren Diskurse über die Natur Angebote der Beschreibung der Einheit der Gesellschaft (in Abgrenzung von der Natur) liefern. Die damit verbundene Moralisierung von Technik und Natur und die Evozierung des Bildes von einer Risikogesellschaft führten zwar in eine „reflexivere", aber nicht unbedingt „bessere" Moderne.

Gotthard Bechmann nimmt wie Eder den Wandel des Naturbildes in der modernen Gesellschaft zum Ausgangspunkt seiner Überlegungen. Aber er setzt einen anderen Akzent. Mit der Auflösung des klassischen aristotelischen Naturbildes habe Technik ihren begrifflichen Halt verloren, der aus dem wesensmäßigen Vorrang des Gewordenen gegenüber dem Gemachten herrührte. Dies habe einerseits zu einer Freisetzung des konstruktiven Charakters von Technik geführt, andererseits würden nun die Intransparenz und die Plastizität der Natur überdeutlich, in die Technik hineinkonstruiert werde. Ökologische Probleme werden vor diesem Hintergrund zu Problemen der Gesellschaft mit sich selbst, sofern sie ihre (natürliche) Umwelt als Voraussetzung der Fortsetzung gesellschaftlicher Operationen beobachtet. Die Rede von einer ökologischen Krise der modernen Gesellschaft könne so als Versuch gedeutet werden, durch Reontologisierung der Natur Entscheidungen im Umgang mit Natur zu ermöglichen. In der soziologischen Beobachtung dieses Vorgangs bleibe aber nicht verborgen, daß dadurch das Nicht-Wissen über den „tatsächlichen" Zustand der Natur nur invisibilisiert werde.

Der dritte Abschnitt „Technische Zivilisation als Thema" wird von Beiträgen zur Zweitbeobachtung des Konzepts „technische Zivilisation" bestimmt. *Michael Daxner* geht der Frage nach, wie die Universitäten als Orte der Innovationserzeugung unter Druck geraten, dieser technischen Zivilisation (im nationalstaatlichen Standortwettbewerb) mehr Innovationstempo zu verleihen. Er beginnt mit der These, daß es in der Bundesrepublik keine konsistente Forschungs- und Technologiepolitik gebe. Daxner bezweifelt allerdings, daß dieser Sachverhalt für Industrie und Politik kritische Folgen haben müsse. Denn mindestens die Politik zeige keinen hohen Bedarf an wissenschaftlicher Beratung. Was immer die Ursachen dafür sein mögen – der Mangel an Praxisnähe der Wissenschaft oder die Indifferenz der Politik für wissenschaftliche Rationalität – , Daxners Befund stellt eine wichtige Prämisse der Theorie der „technischen Zivilisation" in Frage: daß die moderne Gesellschaft auf einem wachsenden Bedarf an wissenschaftlichem Wissen *beruhe*. Eine im Zusammenhang der „Standortdebatte" um die internationale Konkurrenzfähigkeit Deutschlands in Wirtschaft und Technik entstandene Politisierung der Wissenschaft habe aber mindestens eine kritische Entwicklung zur Folge gehabt: die Aushöhlung der Zentralstellung der Universitäten als Orte der Innovations- und Wissenserzeugung. Auf diese in den Massenmedien generierte Politisierung der Universitäten habe aber die politische Administration bisher keine stringente reformpolitische Antwort gefunden.

Jost Halfmann untersucht die thematische Selektivität, die der Entscheidung zugrundeliegt, die moderne Gesellschaft als „technische Zivilisation" zu beschreiben. Dieser Beitrag verfolgt den Zweck, einerseits die Faszination des Konzepts „technische Zivilisation" herauszustellen und andererseits die Skepsis der Soziologie an der Brauchbarkeit dieses Konzepts für eine umfassende Beschreibung der modernen Gesellschaft anzumelden. Drei Theorieentscheidungen liegen dem Konzept der „technischen Zivilisation" zugrunde: der Vorrang des technischen Naturbezugs der Gesellschaft, die Konzentration auf den Menschen als Maßstab der Tolerierbarkeit der Folgenlasten der technischen Zivilisation und die normative Bewertung der „technischen Zivilisation" an Kriterien einer „vernünftigen" Entwicklung der Gesellschaft. Die Soziologie hat Vorbehalte gegenüber allen drei Annahmen der Theorie der „technischen Zivilisation". Erstens, Analysen der „technischen Zivilisation" sind zu selektiv. Gesellschaftsanalysen, die mit der Idee der „technischen Zivilisation" arbeiten, konzentrieren sich auf einen (wichtigen) Aspekt der modernen Gesellschaft, sie reduzieren moderne Gesellschaft aber zu stark auf diesen einen Aspekt. Die moderne Gesellschaft ist nicht ausreichend durch ihr technikvermitteltes Naturverhältnis charakterisiert. Zweitens, Analysen der „technischen Zivilisation" konzentrieren sich zu stark auf den Menschen und zu wenig auf die Gesellschaft. Der Mensch (und die ihm zugeschriebene „Zivilität", „Vernunft") dient als Maßstab der Technik-Natur-Beziehung. Ziel der Analysen ist, Chancen und Risiken einer Technisierung der Natur (inkl. der Technisierung der „Menschennatur") auszuloten. Die Soziologie, die Technik ins Verhältnis zur Gesellschaft setzt, kann dem Thema Technik ganz andere Konturen abgewinnen: Technik tritt nun als Medium sozialer Differenzierung ins Bild. Drittens, Theorien der „technischen Zivilisation" sind normativ überdeterminiert. Die Zentralstellung des Menschen und die Zuschreibung bestimmter Eigenschaften des „Menschseins" (Sprache, Freiheit, Vernunft) führen die Diskussion eng auf Fragen nach der möglichen „Überforderung" der Menschen und der möglichen Verluste an „Menschlichkeit" („Zivilität") durch die „technische Zivilisation". Die Antworten auf solche Fragen enden meist mit unadressierbaren Appellen für mehr Vernunft und Verantwortung, also für Fortsetzung der „technischen Zivilisation", aber „mit Augenmaß". Als deskriptive Disziplin betont die Soziologie hingegen die Kontroll- und Kontingenzprobleme, die sich aus der Kopplung von Technik und sozialen Systemen ergeben.

Man muß nicht die Skepsis der Soziologie gegenüber dem Konzept „technische Zivilisation" teilen. Schließlich gibt es auch noch genug Soziologen, die mit dem argumentativen Gerüst der Theorie der „technischen Zivilisation" arbeiten, wie etwa aus Ulrich Becks Theorie der „Risikogesellschaft" zu ersehen ist. Die Beiträge der hier versammelten Autoren demonstrieren den fortgesetzten theoretischen Reiz des Konzepts der „technischen Zivilisation“ für die Analyse der modernen Gesellschaft.

Ich danke Christiane Merbitz für ihre sorgfältige editorische Arbeit an dem Manuskript.

Dresden, im Mai 1997 *Jost Halfmann*

Grundlagen und Folgen der technischen Zivilisation

Jürgen Mittelstraß

Finden und Erfinden
Über die wissenschaftlichen und technologischen Grundlagen einer Leonardo-Welt

Vorbemerkung

Es gibt zwei Sorten von Philosophen. Die einen sind Leute, die bei allem, mit dem sie sich beschäftigen und worüber sie nachdenken, sogleich in tiefes Grübeln versinken, die die Nähe zu einem absoluten Geist suchen und dabei ungeheuer bedürfnislos leben, zur Not auch wie Diogenes in einer Tonne. Die anderen sind Leute, die ihren philosophischen Mund nicht halten können, die überall, gefragt oder ungefragt, in Wissenschaft und Öffentlichkeit, im Labor und auf dem Markt dazwischenreden und stets das letzte Wort zu haben suchen. Die erste Sorte, die grüblerische, entspricht dem üblichen Bild des Philosophen, die zweite, die aufklärerische, verdirbt es.

Ich selbst bin wohl eher der zweiten Sorte zuzurechnen. Dieser Meinung sind jedenfalls meine Kollegen, und dem entspricht auch mein heutiger Vortrag, der von den kulturellen Grundlagen einer Leonardo-Welt – damit meine ich, wie bald deutlich werden wird, die moderne, d.h. unsere Welt – handeln soll und diese nicht im Grüblerischen zu finden sucht, sondern in einem aufgeklärten Denken in einer Welt, die das Denken verlorenzugeben droht. Dieser Vortrag hat sechs Teile, und beginnen möchte ich mit einem Schlagwort, das derzeit in aller Munde ist.

1. Innovation

Mit Schlagworten hat es eine eigentümliche Bewandtnis. Jeder kennt sie, jeder verwendet sie und niemand weiß so recht, woher sie kommen. Das mag noch angehen – schließlich sind wir meist keine Historiker oder Philologen im Hauptberuf – , aber was, wenn man sie nicht einmal versteht? Jedenfalls nicht richtig oder so, daß man alles und jedes darunter verstehen kann. Oder können Sie auf Anhieb (genau) sagen, was mit multikultureller Gesellschaft, Emanzipation, Wertewandel, Postmoderne, virtuellen Welten und Datenautobahn bzw. information highway eigentlich gemeint ist?

Zu Schlagworten dieser Art gehört auch die Rede von Innovation. Jeder, der etwas auf sich hält, führt sie derzeit im Munde und macht damit deutlich, daß er die Sprache der modernen Welt zu verstehen und zu reden vermag. Innovativ sein, ist heute alles, vor allem in der Wirtschaft, d.h. in der Produktion, im Vertrieb, im Marketing, am Markt. Wer nicht innovativ ist, ist tot oder schreibt rote Zahlen. Noch schlimmer: Es fehlt ihm offenbar etwas, das die anderen, die Erfolgreichen haben, ein Defekt, der sogar aus dem Berufsleben in das Privatleben weist. Wer nicht innovativ ist, ist langweilig, ist von gestern, ein Fußkranker der kulturellen Entwicklung, ein Mensch mit gebremstem Kopf und gebremsten Sinnen. Innovativ sein, heißt hier, ein toller Kerl oder ein tolles Weib sein, den Zeitgeist zum Intimus zu haben, mit ihm den nächsten Streich aushecken können, auf die Bilderbuch- und Vorzeigeseite einer neuen Welt gehören, die die anderen noch nicht kennen.

Das gab es übrigens schon einmal, war aber ungleich literarischer orientiert. Ich meine die Genieästhetik in der zweiten Hälfte des 18. Jahrhunderts, vor allem in der Literatur des Sturm und Drang, die die deutsche Romantik beeinflußte und in Nietzsches Philosophie des Übermenschen mündete. „Es giebt keine höhere Culturtendenz als die Vorbereitung und Erzeugung des Genius“, schreibt Friedrich Nietzsche 1870/71 im ersten Entwurf seines Vorwortes an Richard Wagner zur „Geburt der Tragödie aus dem Geiste der Musik“.[1] Ist der moderne Innovator Nietzsches Übermensch? Wohl kaum. Was auf einem literarischen oder (allgemein) kulturellen Hintergrund verständlich erscheinen vermag – eine Philosophie des Kunstwerks, die alles auf das unerhört Neue und Einzigartige reimt – , gilt nur sehr bedingt von anderen Bereichen unserer Lebensformen. Nicht zufällig ist die Kunst, die literarische wie die bildende, jener Bereich, aus dem sich diejenigen, die der Welt allgemein die Medizin Neuerung verschreiben wollen, ihre Argumente und ihre Rhetorik ziehen, und nicht zufällig führt ein direkter Weg von einer Kunst, die sich selbst so versteht, vornehmlich in Moden. Wenn das Neue, nur weil es das Neue ist, dem nicht mehr Neuen überlegen ist, dann ist es selbst schon in seinem Wesen das Alte – es wird vom Neuen überholt werden, und je neuer es ist, desto schneller. Denn das, was nicht auf Biegen und Brechen neu sein will, widersteht auch der Versuchung, neu zu werden oder Objekt der Neuerung zu sein. Führt also der Imperativ Innovation, der heute die Wirtschaft zu regieren scheint – und viele andere Bereiche unserer Kultur ebenso – in ein modisches Allerlei, dessen Maßstab nicht die tatsächlichen Bedürfnisse (und deren Befriedigung) sind, sondern diese selbst zu Moden macht? Trägt man am Ende seine Bedürfnisse wie einen Rock, der mal alles, mal nichts zu erkennen gibt, oder wie eine Hose, die mal ein Sack, mal eine zweite Haut ist?

Man sieht schon, wohin man mit dem Wort Innovation gerät, wenn man den Assoziationen folgt, die sich mit ihm verbinden: ins begriffliche Nir-

1 F. Nietzsche, Gesammelte Werke III, München 1920 (Musarionausgabe), S. 271.

gendwo. Innovation ist irgendwie das, was sonst nie war und ist, das Unerhörte und das Neue, das alle und alles in seinen Bann schlägt, Wahrnehmungen lenkt, Bedürfnisse weckt, Märkte öffnet und in der Regel vergänglich ist wie ein neues Parfüm oder ein Weltrekord. Da hilft auch die gängige lexikalische Definition nicht viel weiter, die etwa für den Bereich der Wirtschaft unter Innovation „die Realisierung einer neuartigen Lösung für ein bestimmtes Problem" versteht, „insbes. die Einführung eines neuen Produkts oder die Anwendung eines neuen Verfahrens. Innovationen sind kommerzielle Verwertungen von Erfindungen und Entdeckungen"[2].

Das Neue ist eben das Neue (was sonst), immerhin im ökonomischen Bereich das, was sich in Produkten oder Verfahren messen läßt und sich Entdeckung oder Erfindung verdankt. Und damit hätten wir die eigentlichen Stichworte meines Themas erreicht.

2. Erkennen

Wenn das hier kritisch zum Begriff der Innovation Angemerkte stimmt, dann kommt es darauf an, nicht in einer auf bloße Neuerungen bedachten Welt, sondern in einer Orientierungswelt zu leben, die auch Strukturen einer Wissenswelt, nicht bloß einer Meinungswelt besitzt. Strukturen einer Wissenswelt, von der im Folgenden noch die Rede sein wird, aber sind das Erkennen, das Entdecken und das Erfinden. Zunächst zum Begriff des Erkennens.

Erkennen ist das eigentliche Merkmal einer Wissenswelt und die Voraussetzung von Entdecken und Erfinden. Wo nicht erkannt wird, wird auch nicht entdeckt und nicht erfunden. Schließlich wird immer etwas entdeckt und etwas erfunden oder (besser) als etwas entdeckt und als etwas erfunden. Wir müssen, noch einfacher ausgedrückt, wissen, womit wir es zu tun haben, wir müssen erkannt haben, worum es geht. Entdecken (oder Finden) und Erfinden sind Formen des Erkennens: sie machen die Welt zu einer bewohnbaren Welt und unsere Kultur zu einer rationalen Kultur.

Am Anfang dieser rationalen Kultur, nämlich bei den Griechen, wird das Erkennen, werden Wissen und Erkenntnis sogar zum Wesen des Menschen erklärt. Schon Aristoteles, Schüler Platons und Lehrer Alexanders des Großen, stellt fest, daß der Mensch das Wesen ist, das sich im Wissen und Erkennen bzw. durch das Wissen und Erkennen orientiert. Der Aristotelische Satz „alle Menschen streben von Natur aus nach Erkenntnis"[3] bringt das auf eine

2 Meyers Enzyklopädisches Lexikon XII, Mannheim/Wien/Zürich 1974, S. 623f.

3 Met. A1. 980a21. Vgl. zum Folgenden die detailliertere Explikation in J. Mittelstraß, Die Wissenschaften und das Neue, in Wissenschaft ohne Grenzen?, ed. R. Schmitt/H. Altner/D. Burkhardt, Regensburg 1991, S. 114ff.

großartige Weise zum Ausdruck. Dieser Satz ist nicht das Ergebnis einer frühen Allensbach-Umfrage im alten Athen, auch keine pointierte Erläuterung, die der Definition des Menschen als eines vernünftigen Lebewesens unter die Arme greifen soll. Mit ihm formuliert Aristoteles vielmehr das Ergebnis einer (erkenntnistheoretischen) Analyse, die in diesem Falle dem (vorweggenommenen) Ergebnis folgt. Das Wesen des Menschen, sein eigentümliches Orientierungswesen, ist weder das, was einfach dazu erklärt wird, noch das, was empirisch einfach gegeben ist; es ist vielmehr das, was sich in einer philosophischen Analyse ‚zeigt'.

Im einzelnen geschieht das, indem Aristoteles unterschiedliche Stufen der Erkenntnis- und Wissensbildung, angefangen mit dem Wahrnehmungswissen, über das Erfahrungswissen bis hin zum wissenschaftlichen Wissen beschreibt. Das Wahrnehmungswissen, also ein Wissen, das wir unseren Wahrnehmungen verdanken, erweist sich dabei genauerhin als ein Unterscheidungswissen. Der Mensch orientiert sich, indem er zunächst im Wahrnehmungsraum unterscheidet. Was ihm dabei schon in einfachen Wahrnehmungs- und Unterscheidungsprozessen zur Verfügung steht, ist stets mehr, als er in konkreten Situationen wirklich braucht. Aristoteles konstatiert hier die Überschüssigkeit des Wahrnehmungs- bzw. Unterscheidungswissens und zieht daraus gleich einen anthropologischen Schluß: Abgesehen vom Nutzen werden die Sinneswahrnehmungen „um ihrer selbst willen geliebt"[4]. Das heißt: Die faktische Überschüssigkeit des Wahrnehmungswissens, der Umstand, daß der Mensch in Orientierungssituationen stets mehr ‚weiß' oder ‚erkennt', und zwar in Wahrnehmungs- und Unterscheidungsform weiß oder erkennt, als er tatsächlich benötigt, führt Aristoteles zu einer Selbstzweckvermutung. Wissensbildungsprozesse, selbst solche ganz elementarer Art, haben ihre eigene, von konkreten Zwecken unabhängige Legitimation: sie machen die besondere Orientierungsform des Menschen, sein rationales Wesen aus.

Am Ende aller Wissensbildungsprozesse steht die reine Theorie; in ihr, so der Traum des Aristoteles, ist nicht nur die höchste Wissensform, sondern auch die höchste Lebensform des Menschen erreicht. Der Weg von elementaren Orientierungs- und Wissensformen bis hin zur Theorie wird mit einem neuen Bild des Menschen verbunden. Mit ihm hat Aristoteles gleichzeitig seine eigene Leidenschaft zum Wesen des Menschen gemacht. Es ist – so Aristoteles, und ich denke, die Wahrheit dieses Satzes gilt auch heute noch – die Eigentümlichkeit des Menschen, seine Orientierungen in Wissens- und Erkenntnisform zu bilden, sich im Erkennen und durch das Erkennen zu orientieren.

Natürlich fehlt in diesem Zusammenhang auch bei Aristoteles nicht der Hinweis auf die wissensgenerierende Kraft der Neugierde: „Weil sie sich wunderten, haben die Menschen zuerst wie jetzt noch zu philosophieren be-

4 Met. A1. 980a23.

gonnen; sie wunderten sich anfangs über das Unerklärliche, das ihnen entgegentrat. Allmählich machten sie auf diese Weise Fortschritte und stellten sich über Größeres Fragen, etwa über die Affektionen des Mondes und die von Sonne und Sternen und über die Entstehung des Alls."[5] Das Unerklärliche, Unverständliche ist schon ein Element des Wahrnehmungswissens (angelegt in dessen Überschüssigkeit); es tritt auf allen Wissensstufen auf und führt nach Aristoteles über die Erfahrung der Ratlosigkeit und Unwissenheit zum Nachdenken und zum Wissen.[6] Auch Neugierde treibt in diesem Sinne Wissen und Erkenntnis voran, lenkt die Wahrnehmung und die Erfahrung ebenso wie die Wissenschaft. Sie bildet sich von einer naiven Neugierde, die sich die Nase am Fenster des alltäglich Neuen drückt, zur reflektierten Neugierde, die um ihre wissens- und weltbildende Kraft weiß. Auch die moderne Welt ist in diesem Sinne, einschließlich Wissenschaft, Technik und Wirtschaft, die ihre eigentlichen Motoren sind, das Produkt einer selbstbewußten reflektierten Neugierde. Daß diese Neugierde keine Sache von Anlagen und Instinkten ist – auch die Katze ist ‚neugierig' – , sondern im rationalen Wesen des Menschen begründet liegt, hat niemand anders als der alte Aristoteles schon erkannt.

Dabei gibt es eine ebenso alte Verbindung zwischen Erkennen und Denken. Diese ist, wie immer mal wieder traurige Entwicklungen zeigen, keineswegs selbstverständlich. Im Erkennen bildet sich nicht einfach ein Stück Wirklichkeit ab, sondern packt das Denken zu. Erkennen ist immer mehr als Abbildung des Wirklichen; es ist auch Einordnung (in gegebene Wissensbestände), Deutung (etwas wird als etwas erkannt) und Beurteilung. Die Geltung der Erkenntnis oder des Wissens beruht nicht so sehr in der Weise, wie sich etwas zu erkennen gibt, sondern in den Gründen und Begründungen, die wir für das so Erkannte oder Gewußte geben. Nichts, auch nicht das Wirkliche, sagt von sich aus, wie es ist. Die Natur redet nicht, und andere Bereiche der Wirklichkeit reden auch nicht. Das tun wir. Und wenn wir dabei im Auge haben, was wir wiederum seit den Griechen die Wahrheit nennen, müssen wir, nicht die Natur oder andere Wirklichkeiten, Gründe angeben, die diesen Anspruch stützen. Das aber nennen wir Denken.

Denken ist ein ‚stilles' Unterscheiden und Argumentieren. Es ist ‚im Kopf', aber eben auch nicht anders als in der Weise, wie wir schon in einfachen Wahrnehmungssituationen (Aristoteles läßt noch einmal grüßen) unterscheiden und in einfachen Lebenssituationen argumentieren. Die Hauptsache ist, daß wir uns überhaupt auf das Unterscheiden und Argumentieren, und damit eben auch auf das Denken, einlassen. Ohne Denken kein Erkennen und kein Wissen. Das aber scheint sich noch immer nicht überall herumgesprochen zu haben.

---

5 Met. A1.982b12-17.
6 Met. A2.982b17-21.

3. Entdecken

Was aber bedeutet dann – wenn Erkennen nicht einfach Abbildung der Wirklichkeit, sondern eine Leistung des Denkens und damit des Verstandes ist – Entdecken? Bedeuten Entdecken und Entdeckung nicht gerade, daß sich etwas von sich aus zu erkennen gibt, daß etwas da ist, wovon wir vorher nicht wußten, und zwar so, daß die Art und Weise unseres Entdeckens – wozu wiederum die Weisen des Unterscheidens, des Deutens und des Beurteilens, kurz: des Denkens, gehören – für die Wirklichkeit des Entdeckten irrelevant ist? Kolumbus hat Amerika entdeckt – was er dabei dachte, ist für das entdeckte Amerika schließlich ganz irrelevant (diesem Kontinent wird es wohl egal gewesen sein, wer ihn entdeckte; es hätte auch ein Herr Müller sein können, vermutlich waren es ohnehin die Wikinger). Auch die Entdeckung der Jupitermonde (1610 durch Galilei) oder die Entdeckung der Radioaktivität (1896 durch Becquerel) hatten nur bedingt etwas mit Denken zu tun. Die eine verdanken wir (und Galilei) dem Fernrohr, die andere verdanken wir (und Becquerel) der Untersuchung von Salzen auf Phosphoreszenz, d.h. die (verzögerte) Lichtemission nach nichtthermischer Anregung, nicht dem Denken. War also doch nicht richtig, was zuvor vom Erkennen und dessen Verhältnis zum Denken gesagt wurde?

Ja und Nein. Das Erkannte und das Entdeckte (nach Art der angegebenen Beispiele) sind nichts Erfundenes (von dem noch die Rede sein wird), aber auch nichts, das schon aus sich selbst heraus verständlich wäre. Das gilt selbst für Kolumbus und Amerika. Es macht keinen Sinn, zu sagen, daß es das Nicht-Entdeckte, in diesem Fall Amerika, gibt. Man kann es vermuten, sogar postulieren – wie in der Astrophysik einen Planeten, ohne dessen Existenz gewisse Gravitationserscheinungen nicht erklärbar wären – , doch was es schließlich ist – ein Kontinent, ein Planet, irgendein anderer Gegenstand –, hängt davon ab, wie wir die Welt schon eingeteilt haben und von welchen Gesichtspunkten wir uns dabei leiten ließen. Schließlich glaubte Kolumbus selbst, Indien (auf neuem Kurs) entdeckt zu haben.

Im Wissenschaftsbereich liefern die schönsten Beispiele für Entdeckungen noch immer die Naturwissenschaften. Deren Forschungsstrategien sind gewissermaßen auf Entdeckungen hin angelegt, auch wenn auch hier die Entdeckung des Neuen nicht das Alltägliche und das Ausbleiben der Entdekkung nicht das Besondere ist. Auch die Wissenschaft hat kein Abonnement auf das Neue und kein Versprechen, wie man es findet. Viele Wege führen nicht nur nach Rom, sondern auch zu neuen Einsichten – und viele natürlich auch an ihnen vorbei. Das sind dann die auch andernorts bekannten Holzwege. Die hören irgendwo auf und lassen den, der sie geht, alt erscheinen. Nicht so im Falle der beiden folgenden Beispiele, in diesem Falle für Entdeckungen, die weder geplant noch methodisch unternommen wurden, die also Entdeckungen in einem auch der alltäglichen Lebenswelt vertrauten Sinne sind.

Erstens: Priestleys Entdeckung des Sauerstoffs, die den klassischen Fall einer Zufallsentdeckung darstellt. Der englische Naturforscher und Theologe Joseph Priestley befaßte sich im Frühjahr 1775 mit den Eigenschaften unterschiedlicher Gase. Dabei entdeckte er, daß das aus Quecksilberoxid (HgO, so die Bezeichnung der Substanz heute) freigesetzte Gas die Verbrennung besser unterhielt als gewöhnliche Luft. Priestley schreibt selbst: „Ich will meinen Leser nicht mit der häufigen Wiederholung des Wortes ‚Überraschung' ermüden (...); aber ich muß in diesem Spiel (...) fortfahren. Denn am nächsten Tag war ich mehr überrascht, als ich es vorher jemals gewesen war. Ich fand nämlich, daß in dem oben erwähnten Gas (...) eine Kerze brannte, und dies sogar besser als in gewöhnlicher Luft. Ich kann mich bei der inzwischen vergangenen Zeit nicht mehr daran erinnern, was ich mit diesem Experiment im Blick hatte; aber ich weiß, daß ich seinen tatsächlichen Ausgang nicht erwartet hatte. (...) Wenn ich nicht zufällig, zu irgendeinem anderen Zweck, eine brennende Kerze bei der Hand gehabt hätte, hätte ich den Versuch wahrscheinlich niemals durchgeführt; und alle meine künftigen Experimente mit dieser Art von Luft wären verhindert worden."[7] Priestley hatte also erkennbar nicht damit gerechnet, in seinem Experiment auf eine neue Luftart, also ein neues Gas, zu stoßen. Hätte er nicht zufällig eine Kerze dabeigehabt, wäre die Wissenschaftsgeschichte wohl anders verlaufen.

Zweitens: Rutherfords Entdeckung des Atomkerns. Im Jahre 1909 führte der englische Physiker Rutherford ein Experiment zur Untersuchung der Struktur der Atome durch, das nach militärischen Grundsätzen konzipiert war: Wenn man nicht weiß, was man vor sich hat, schießt man am besten drauf.[8] Rutherford benutzte ein radioaktives Präparat als Strahlenkanone und schoß einen schmalen Strahl von Alpha-Teilchen (das sind Teilchen, die aus zwei Protonen und zwei Neutronen zusammengesetzt sind) auf eine dünne Metallfolie. Hinter der Folie war ein Schirm angebracht, auf dem sich ein auftreffendes Alpha-Teilchen durch einen mikroskopisch kleinen Lichtblitz dokumentierte. Die große Überraschung bestand nun darin, daß diese auftreffenden Alpha-Teilchen nicht nur bei kleinen Ablenkwinkeln beobachtet wurden, sondern gelegentlich auch große Ablenkungen aufwiesen. Einige Teilchen wurden sogar von der Folie zurückgeschleudert, als wären sie gegen eine feste Wand geprallt. Rutherford bemerkte dazu später: „Es war bestimmt das unglaublichste Ereignis, das mir in meinem Leben widerfuhr. Es war fast so unglaublich, wie wenn jemand eine 15-Zoll-Granate auf ein Stück Sei-

---

7 Zitiert nach J.B. Conant, The Overthrow of the Phlogiston Theory. The Classical Revolution of 1775-1789, Cambridge Mass. 1966 (Harvard Case Histories in Experimental Science 2), 43. Dieses, das folgende und weitere Beispiele bei J. Mittelstraß, a.a.O., S. 116ff.

8 Vgl. R.U. Sexl, Was die Welt zusammenhält. Physik auf der Suche nach dem Bauplan der Natur, Frankfurt a.M./Berlin/Wien 1984, S. 145.

denpapier abgefeuert hätte und diese zurückgekommen wäre und ihn getroffen hätte."[9] Diesem ,unglaublichen Ereignis' suchte Rutherford dann durch die Konzeption des Atomkerns gerecht zu werden. Einige der (positiv geladenen) Alpha-Teilchen waren frontal auf die (ebenfalls positiv geladenen) Atomkerne zugelaufen und daher von diesen in die Ausgangsrichtung zurückgestoßen worden.

Die Beispiele – bewußt so ausgewählt, daß es sich hier um Entdeckungen handelt, die für den Entdecker selbst und für die Wissenschaft überraschend waren, die also nicht auf einem strategisch schon auf sie gerichteten Wege lagen – machen deutlich, was mit dem (verzagt erscheinenden) Ja und Nein, bezogen auf die Frage nach der Abhängigkeit des Erkannten und des Entdeckten vom Denken (hier dem wissenschaftlichen Denken) gemeint war. Daß etwas entdeckt wurde (ein neues Gas, ein unerwartetes Verhalten kleiner Teilchen), rührt daher, daß etwas da war, was man zuvor nicht kannte. Was man hingegen entdeckte (den Sauerstoff, den Atomkern), macht die Entdekkung nicht aus sich selbst klar, schon gar nicht für den vielbemühten Mann (oder die Frau) auf der Straße. Diese Frage beantwortet vielmehr nur das, was man zuvor schon erkannt hatte, was in diesem Falle die Wissenschaft schon weiß.

Beides gehört denn auch bei einer Entdeckung zusammen: Daß da etwas ist, auf das man (geplant oder ungeplant) stößt, und daß man etwas weiß, was das Entdeckte als etwas Bestimmtes, z.B. als Sauerstoff oder als Atomkern, erklärt. Dies gilt nicht nur für die Naturwissenschaften, sondern überall, wo man von Entdeckungen spricht, Entdeckungen des Marktes nicht ausgenommen.

4. Erfinden

Nicht alles Erkennen ist ein Entdecken, und nicht alles Entdecken ist der beschriebenen Art (Entdeckung, daß etwas da ist, und Deutung, was es ist). Das Erkennen kann vielmehr auch eine Klärung des schon Bekannten und das Entdecken kann auch ein Erfinden sein. Auch der Erfinder ist dabei ein Entdecker, aber so, daß er das, was der Entdecker (wie in den beiden Beispielen) entdeckt, selbst noch erfindet. Technische Erfindungen sind dieser Art, und philosophische und künstlerische Leistungen häufig auch. Doch von diesen soll hier nicht die Rede sein; das Paradigma des Erfindens ist die Technik. Deren Ahnherr ist wiederum ein Grieche, nämlich der legendäre Daidalos.

Daidalos, Schutzpatron der athenischen Handwerker, tötet aus Künstlerneid seinen Neffen Talos, der Säge, Töpferscheibe und Zirkel erfunden hatte,

9 Zitiert nach R.U. Sexl, ebd.

indem er ihn von der Akropolis herabstößt, und flieht nach Kreta. Dort stattet er Ariadne mit einem Wollknäuel aus, das Theseus aus dem Labyrinth (auch seine Erfindung) herausführen wird, und flieht erneut mit seinem Sohn Ikaros, diesmal auf dem Luftwege. König Minos hatte ihn zur Strafe dafür in das eigene Labyrinth gesperrt, weil er für dessen Frau Pasiphae zur Befriedigung ihres unnatürlichen Verlangens nach einer Vereinigung mit Minotauros, dem Stier des Poseidon, eine hölzerne Kuh gebaut hatte, auf die der Stier zur Genugtuung der in ihr plazierten Pasiphae auch prompt hereingefallen war. Mit Federn, Fäden und Wachs hatte er künstliche Flügel für sich und seinen Sohn hergestellt. Daidalos übersteht die gewagte Luftfahrt, Ikaros, der der Sonne zu nahe kommt, stürzt in das nach ihm benannte Ikarische Meer.

Was Daidalos und sein unglücklicher Neffe entdecken – Säge, Töpferscheibe, Zirkel, Labyrinth, Begattungsapparatur, Flugzeug – , erfinden sie. Die Natur kennt keine Sägen, allenfalls Sägerochen und Sägehaie, und keine Flugzeuge zum Transport der Ungeflügelten, nur Vögel; und mit Töpferscheibe, Zirkel und Labyrinth ist es ebenso (auch wenn demjenigen, der sich nachts im Wald verläuft, manchmal recht labyrinthisch zumute sein mag). Das gleiche gilt, gottlob, von Begattungsapparaturen. Die Natur gibt, so könnte man sagen, in einigen Fällen ein gewisses Vorbild ab, aber sie produziert keine Sägen und keine Flugzeuge. Die kann man daher auch nicht entdecken, wie man Sauerstoff und Atomkern entdeckt; man muß sie erfinden. Und eben das tut die Technik und tut als erster, wenn man den Griechen Glauben schenken will, Daidalos. Daß dies riskant ist, wenn sich der Mensch in der Technik eine neue Natur, seine Natur, macht, erfährt als erster wiederum Ikaros. Der Mensch ist kein Vogel, und wenn er fliegt, dann eben mit seinen Erfindungen und auf eigene Gefahr.

Die Differenz zwischen Entdeckung und Erfindung liegt also darin, daß die Erfindung das, was sie entdeckt, selbst noch erfindet. Neben Homo Sapiens, das kluge und erkennende Wesen, tritt Homo Faber, der Erfinder und Macher. Homo Faber macht sich eine neue Natur, neue Wirklichkeiten, nicht um der eigenen Wirklichkeit, der entdeckten und unentdeckten, zu entkommen, sondern um diese zu erweitern, eben ‚technisch‘ zu erweitern. Begriffen haben das nicht schon die Griechen, die in der Technik stets einen Notbehelf oder etwas Überflüssiges sahen (was man sich allerdings nur in einer mit Sklaven üppig und bequem ausgestatteten Gesellschaft erlauben kann), sondern erst die Neuzeit, die zu unserer Moderne geworden ist. An deren Anfang steht wiederum ein bemerkenswerter, wenn auch diesmal kein legendärer, sondern ein sehr konkreter, lebendiger Mann, nämlich Leonardo da Vinci, in dem sich auf symbolhafte Weise der gebildete Wissenschaftler, der begnadete Künstler und der geniale Ingenieur miteinander verbinden. Den nächsten Schritt markiert das Stichwort Industrialisierung, den folgenden das Stichwort technologischer Wandel, in dem wir uns derzeit, mitten in einer zweiten technologischen Revolution, befinden.

Die Welt, die Wirklichkeit, wie wir sie auch ohne uns zu erkennen glauben, setzt sich in ‚künstliche' Welten und Wirklichkeiten fort. Auch die zukünftige Welt, eine Welt, in der unsere Kinder und Kindeskinder leben, werden wir nicht entdecken, sondern erfinden, nämlich machen. Das macht sie noch nicht zur besseren Welt, macht aber deutlich, wohin uns die Ausbildung unserer menschlichen Fähigkeiten und Fertigkeiten geführt hat. Homo Faber, der vom Entdecker zum Erfinder geworden ist, ist nicht, wie alle anderen Lebewesen, an eine gegebene Wirklichkeit gebunden; bauend, erfindend, konstruierend hebt er diese in seinen ‚neuen' Wirklichkeiten auf. Die Vorstellung einer Pluralität der Welten, vor deren möglicher kosmologischer Wirklichkeit es unsere Vorfahren noch schauderte (weshalb sie auch deren ‚Erfinder', den Italiener Giordano Bruno, im Jahre 1600 verbrannten), ist in unserer Welt, als Erweiterung dieser Welt, Wirklichkeit geworden. Und auch das gilt keineswegs nur im Blick auf Wissenschaft und Technik (im engeren Sinne). Diese Erweiterung betrifft vielmehr auch unsere Bedürfnisse und den Markt. Auch Bedürfnisse lassen sich ‚erfinden' – man sagt dann, sie werden ‚geweckt'. Eben dies tut der Markt, der gleich noch mehr tut, indem er ‚seine' Bedürfnisse auch noch befriedigt.

5. Leonardo-Welt

Kleine, unscheinbar anmutende Überlegungen zum Begriffsfeld Erkennen – Entdecken – Erfinden haben uns damit zu einem erstaunlichen Ergebnis geführt. Was zunächst wie ein Glasperlenspiel des Philosophen und als ein sonderbares erkenntnistheoretisches Exerzitium erscheinen mochte, gibt sich, wenn diese Überlegungen stimmen, als eine Analyse der modernen Welt zu erkennen. In den Formen von Erkennen, Entdecken und Erfinden vollzieht sich nichts anderes als der Aufbau einer Welt, die längst zu unserer Welt geworden ist, und die wir doch in ihrem Aufbau und in ihrem Wesen meist nur undeutlich erkennen.

Das läßt sich auch noch auf eine andere Weise verdeutlichen. Wenn Aristoteles mit seiner These, daß alle Menschen von Natur aus nach Erkenntnis streben, und seiner Analyse einfacher Orientierungsleistungen, die zu dieser These führen, recht hat, dann ist auch unsere Welt noch eine Aristoteles-Welt. Gemeint ist damit, daß wir in der Weise, wie wir uns, angefangen mit ganz einfachen Wahrnehmungsvorgängen bis hin zu wissenschaftlichen, d.h. theoretischen Wissensbildungsprozessen, in der Welt orientieren, von dieser Welt Besitz ergreifen. Hegel hat das einmal wie folgt ausgedrückt: Wie wir die Welt ansehen, so sieht sie uns an. Gemeint ist wiederum, daß unsere Wahrnehmungen, unsere Erfahrungen, unser Können und unser Wissen die Welt strukturieren, daß das Erkennen selbst kein einfacher Abbildungsvorgang, sondern ein kreativer Akt ist, daß das Denken mehr ist als ein Abrükken von der Welt, in der wir leben. Das Denken gehört vielmehr zum Leben, weil, so der alte Aristoteles, ohne das Denken, ohne die genannten Orientierungsformen von Wahrnehmung, Erfahrung, Können und Theorie das menschliche Leben nicht möglich ist. Noch einmal: Der Mensch ist das Wesen, das sich im Erkennen und im Wissen und durch das Erkennen und durch das Wissen orientiert. Eben darum lebt er in einer Aristoteles-Welt.

Das Stichwort Entdecken führt in eine andere Welt. Diese könnte man die Kolumbus-Welt nennen. Gemeint ist eine Welt, auf die der Mensch als Entdecker seinen Fuß setzt, in der sich die Formen der Wahrnehmung, der Erfahrung, des Könnens und des (theoretischen) Wissens auf Wirklichkeiten beziehen, die erst zu den eigenen Wirklichkeiten bzw. zu Teilen dieser Wirklichkeit werden müssen. Hier geht es um die Aneignung des (zunächst) Fremden. Daß diese Aneignung nicht einfach passiert, indem das Fremde selbst sagt, was es ist, habe ich deutlich zu machen versucht. Noch einmal: Daß da etwas ist, auf das man (geplant oder ungeplant) wie Kolumbus stößt, ist das eine; daß man schon etwas weiß, was das Entdeckte als etwas Bestimmtes (die Beispiele waren Sauerstoff und Atomkern) erklärt, ist das andere. Das heißt, daß auch hier die Hegelsche Formel gilt: Wie wir die Welt ansehen, auch die unbekannte, so sieht sie uns an. Das Entdeckte muß erst gedeutet werden, um Eingang in die gewohnte Welt, in die eigenen Wirklichkeiten zu finden. Die Kolumbus-Welt ist nichts anderes als eine bestimmte Ausprägung der Aristoteles-Welt: Neben der bekannten Welt wohnt immer eine unbekannte Welt; das Erkennen und das Denken kommen nie zu einem Ende.

Das gilt auch unter dem zuletzt erläuterten Aspekt: Zum Finden, das die Kolumbus-Welt charakterisiert, tritt das Erfinden, die Weise, in der der Mensch, als Homo Faber, seine eigene Welt macht. Hier betreten wir eine Welt, die in einem sehr viel konkreteren Sinne als die Aristoteles-Welt und die Kolumbus-Welt das Werk des Menschen ist. Auch diese Welt hat einen Namen: Leonardo-Welt. Von Daidalos, dem mythischen Handwerker und Erfinder, zu Leonardo da Vinci, dem Renaissancewissenschaftler, Künstler und Ingenieur, ist es nur ein kurzer, aber ein folgenschwerer Schritt. Der eine erfand nützliche Geräte und wundersame Dinge, der andere die moderne Welt. Damit ist eine Welt, eben unsere, gemeint, die immer weniger eine natürliche Welt und immer mehr eine hergestellte Welt ist, in der Wissenschaft und Technik herrschen und mit ihnen der technologische Wandel, der mittlerweile alle Lebensbereiche ergreift. Wohin wir in unserer Welt auch gehen, der bauende, der konstruierende, der wirtschaftende, der verwaltende und der zerstörende Verstand waren immer schon da. Die Leonardo-Welt, in der heute entwickelte Industriegesellschaften leben, ist die konsequente Weiterentwicklung der Aristoteles-Welt und der Kolumbus-Welt; in ihr kommt das konstruktive Wesen des Menschen zu seiner vollen Wirklichkeit.

Daß in dieser Entwicklung auch Gefahren liegen, sollte der Hinweis auf den zerstörenden Verstand verdeutlichen. Die Leonardo-Welt ist keine Mikkey-Mouse-Welt und keine Science-Fiction-Welt, sondern immer noch eine sehr menschliche Welt, im Guten wie im Bösen. Es ist dieselbe Kraft des Menschen, die baut und zerstört, auch und gerade in einer Leonardo-Welt. Man denke nur an die Umweltprobleme, die in dem Sinne keine natürlichen Probleme sind, daß sie uns die Natur selbst bescherte. Es sind vielmehr Probleme, die der Mensch geschaffen hat, indem er die Welt, die Welt, in der wir alle leben, zu seinem Werk gemacht hat. Gottes Auge mochte am siebten Tage noch zufrieden auf seinem Werk ruhen; Homo Faber, der Herr der Leonardo-Welt, hat dazu weit weniger Anlaß. Hüten wir uns davor, daß der Aneignung der Welt durch den Menschen (in den Formen von Aristoteles-Welt, Kolumbus-Welt und Leonardo-Welt) nicht die Aneignung des Menschen durch die (angeeignete) Welt folgt.

Wie immer liegen Glück und Unglück, Fortschritt und Rückschritt, Gewinn und Verlust eng beisammen. Der Mensch hat sich die Welt untertan gemacht – getreu der Aufforderung Gottes, der wohl selbst noch nicht wußte, wohin dies führen könnte. Vor allem die Leonardo-Welt ist in diesem Sinne Ausdruck der Programmtreue des Menschen, aber auch Ausdruck dessen, wie zerbrechlich nicht nur die Natur des Menschen, sondern auch seine Welt ist, die ihm als sein Werk gehört. Alles hört heute auf das Kommando von Homo Faber – in der Wissenschaft, in der Technik, in der Politik und in der Wirtschaft – ; und gerade deshalb können wir uns kein falsches Kommando mehr erlauben. Die Zukunft der Leonardo-Welt ist die Leonardo-Welt – wir können uns einen Ausstieg aus dieser Welt, die auch einen Ausstieg aus Wissenschaft und Technik bedeuten würde, nicht erlauben. Nach der Leonardo-Welt, wenn sie denn vergehen sollte, käme nur wieder eine vermeintlich ‚natürliche' Welt, und diese würde den Menschen nicht lieben, sondern mit ihm aufräumen.

6. Die Zukunft der Urteilskraft

Kehren wir zum Schluß noch einmal an den Anfang zurück. Den bildete nicht die Trias Erkennen – Entdecken – Erfinden, sondern das Schlagwort Innovation. Dieses beherrscht, zusammen mit dem nicht weniger aufdringlichen Schlagwort Information, verbunden mit den Begriffen der Informationswelt und der Informationsgesellschaft, die gegenwärtige Debatte um neue Technologien, Fortschritt und Märkte; in ihm wie in dem der Information erkennen sich diejenigen wieder, die die Zukunft im Blut und die Welt in der Hand zu haben glauben. Doch beide Schlagworte sind viel zu oberflächlich, um die wirklichen Grundlagen und die Dynamik der modernen Welt kenntlich zu machen. Die Wirklichkeit, d.h. die Wirklichkeit einer Leonardo-Welt, ist weit aufregender, als es die Beschwörung von Innovationen und Informationswelten, die oft weniger Wissenswelten als Meinungswelten sind, deutlich machen kann; ihre Struktur, die in der Trias Erkennen – Entdecken – Erfinden zum Ausdruck kommt, ist weit komplizierter und anspruchsvoller, als es die einfachen Muntermacher Innovation und Information begreifen lassen.

Damit soll nicht bestritten werden, daß sich die Orientierungsstrukturen der modernen Welt, eben in Form einer Leonardo-Welt, geändert haben. Sie haben sich geändert, und bedenklich dabei ist vor allem die wachsende Unschärfe des Orientierungsbegriffs selbst, klassisch ausgedrückt: das unklare Verhältnis zwischen (theoretischem) Verstand und (praktischer) Vernunft, und ein sich anbahnender Verlust der Nachdenklichkeit und der Urteilskraft. In den Strukturen einer Leonardo-Welt setzt sich Information in Form der modernen Informationstechnologien nicht nur an die Stelle des Wissens (was selbst schon ein bedenklicher Vorgang ist)[10], sondern auch an die Stelle des Nachdenkens und der Urteilskraft. Natürlich muß auch jegliches Nachdenken und muß auch Urteilskraft informiert sein, aber Nachdenklichkeit und Urteilskraft können nicht in Information aufgehen. Eben dieses Mißverständnis setzt sich heute in vielen Köpfen fest. Nicht in den Köpfen der Nachdenklichen – die werden unbeschädigt davonkommen – , aber in den Köpfen derjenigen, die zur intellektuellen Bequemlichkeit neigen, die lieber denken lassen als selber denken, die Wissen als ein Produkt ansehen, das in Informationsform auf dem Markte ist, nicht als etwas, das sich im eigenen Kopf bildet, die der künstlichen Intelligenz mehr vertrauen als der eigenen natürlichen. Nachdenklichkeit und Urteilskraft, die zum Wesen des Verstandes und der Vernunft gehören, scheinen entbehrlich zu werden.

Eben das aber ist ein Irrtum. Wo eine Welt beginnt, ihr Wissen in wuchernden Bilder- und Informationswelten aufzulösen, sind nicht etwa weniger Nachdenklichkeit und weniger Urteilskraft vonnöten, sondern im Gegenteil: nur sie sind es, die unsere rationale Kultur, d.h. das ‚Projekt der Moderne', das im Kern ein Aufklärungsprojekt ist, auf Kurs halten können. Also kommt es auch darauf an, die Wahrnehmungsfähigkeiten, die Erfahrungsfähigkeiten und die (eigenen) Denkfähigkeiten nicht auf dem Altar einer Welt zu opfern, die dem einzelnen das Denken abnimmt und damit nur in eine neue Unselbständigkeit, nicht nur in eine auf das Wissen bezogene, sondern auch in eine orientierungsmäßige Unselbständigkeit, führt. Wo sich Bilder und Informationen an die Stelle von Wirklichkeiten und Wissen zu setzen beginnen und Expertenkleinkram die Kammern des Bewußtseins besetzt, ist es um Nachdenklichkeit und Urteilskraft schlecht bestellt. Experten, wie wir sie heute definieren, haben keine universale Urteilskraft (die die Tradition auch als Bildung definierte), Bilder haben keine diskursive und Informatio-

---

10 Vgl. dazu J. Mittelstraß, Der Verlust des Wissens, in: ders., Leonardo-Welt. Über Wissenschaft, Forschung und Verantwortung, Frankfurt a.M. 1992, S. 221-244.

nen haben keine synthetische Kraft.[11] Wer sich auf sie verläßt, hat, mit Kant gesprochen, seine Mündigkeit verloren.

Was in dieser Situation not tut, was auch eine Leonardo-Welt braucht, wenn sie nicht unter ihrer eigentlichen Leistungsfähigkeit bleiben will, ist daher auch die Wiedergewinnung jenes verbindenden Elements zwischen Verstand und Vernunft, Wissen und vernünftigem Leben, das schon Kant in der Urteilskraft sah. Alles, was wir in Zukunft im Medium von Erkennen, Entdecken und Erfinden an Einsichten, Einfällen, realistischen Visionen, Innovationen benötigen, setzt nicht nur den Fortschritt des technologischen Wissens voraus, sondern vor allem den vertrauten Umgang mit Problemen, neuen Situationen, neuen Anforderungsprofilen, paradox formuliert: den vertrauten Umgang mit dem Unbekannten, dessen Konturen in der Gegenwart sichtbar werden. Eben das aber besagt Urteilskraft, ein Vermögen, das sich nicht aus Lehrbüchern, Rezeptbüchern oder Betriebsanleitungen speist, das den Schritt vom Wissen zum Können lenkt, für den es keine Instruktionen gibt, vom Allgemeinen zum Konkreten, für den es keine Regeln gibt, vom gelösten Problem zum ungelösten. Urteilskraft: das ist der sichere Instinkt des Verstandes, der greift, nicht nur berührt, verändert, nicht nur beschreibt, das Wesentliche, ohne daß es den Dingen oder den Informationen auf der Stirn stünde, erfaßt, sich aneignet, Wege weist, orientiert.

Glanz und Elend der Leonardo-Welt liegen in ihren Problemlösungspotentialen und in ihren selbst erzeugten Problemen. Der Preis des Fortschritts, ohne den diese Welt nicht leben kann, sind Folgen, die sie allein wissenschaftlich und technisch nicht in den Griff bekommt. Deswegen ist heute auch viel von einer Wissenschaftsethik und einer Technikethik die Rede. Gemeint (und gesucht) ist eine Ethik, die den dunklen Schatten vertreiben könnte, den Wissenschaft und Technik, vor allem hinsichtlich ihrer Folgen, auf unsere Wirklichkeit und unsere Zukunft werfen. Diese Vorstellung zeugt von einer richtigen Problemwahrnehmung, aber sie ist auch, wie ich meine, ein wenig naiv. Aus einem einfachen Grund, nämlich einer falschen Vorstellung von Ethik selbst. Es ist die Vorstellung, daß es in allen Situationen und auf alle Probleme, also auch auf alle wissenschaftlich und technisch erzeugten Situationen und Probleme, eine ethische Antwort gibt, und zwar genau die ethische Antwort. Wer so denkt, verwechselt die Ethik aber mit einem Kochbuch oder einer Betriebsanleitung.

Und mehr noch: Subjekt moralischer Ansprüche sind der Wissenschaftler und der Techniker nicht als Wissenschaftler und Techniker, sondern stets als Bürger. Ethik ist immer Bürgerethik, sie läßt sich nicht gesellschaftlich teilen. Anders ausgedrückt: Ethik ist stets das Werk und die Tugend aller (aller Bürger), geleitet nicht durch Lehrbücher oder Tugendkataloge, sondern

---

11 Vgl. dazu J. Mittelstraß, Der Flug der Eule. 15 Thesen über Bildung, Wissenschaft und Universität, in: ders., Der Flug der Eule. Von der Vernunft der Wissenschaft und der Aufgabe der Philosophie, Frankfurt 1989, S. 55ff.

durch Prinzipien wie z.B. den kategorischen Imperativ Kants. Es ist die Anwendung eines derartigen Prinzips auf besondere Probleme und Entscheidungen, in der die eigentliche Leistung des einzelnen, als Leistung der Subjektivität liegt. Ihr kann die Ethik eine Entscheidung darüber, was im konkreten Falle zu tun und was zu unterlassen ist, nicht abnehmen. Also gibt es strenggenommen auch keine Wissenschaftsethik (und keine Technikethik), sondern nur Ethik in der Wissenschaft (und in der Technik). Die Tragfähigkeit einer allgemeinen Ethik, der Bürgerethik, und deren Realisierung durch das vernünftige Subjekt stehen auf der Tagesordnung der Leonardo-Welt.

In dieser Form berühren sich auch Urteilskraft und Ethik. Das entscheidende Stichwort lautet (neben Urteilskraft) Verantwortung. So haben Wissenschaftler und Techniker zwar keine eigene Ethik, aber sie haben eine besondere Verantwortung. Im wesentlichen aus zwei Gründen: (1) Wegen ihrer Theoriekompetenzen, ihrer Analyse- und Problemlösungskompetenzen. (2) Wegen der weitgehenden Unkontrollierbarkeit des wissenschaftlichen und technischen Verstandes durch den nicht-wissenschaftlichen und nicht-technischen Verstand. Beides verlangt dem Wissenschaftler und Techniker eine ganz besondere Sorgfalt im Umgang mit ihren Kompetenzen, eine besondere Informationspflicht gegenüber der Gesellschaft, eine besondere Verantwortung ab. Und Wissenschaft und Technik beginnen, sage ich optimistisch (vielleicht ein wenig zu optimistisch), diese Aufgaben wahrzunehmen.

Damit tritt neben ein Forschungsgebot, das die Leonardo-Welt nach vorne treibt, ein Ethikgebot, das sie auf Kurs, gemeint ist ein menschlicher Kurs, zu halten hat. Wieweit uns dies gelingen wird, vermag heute niemand zu sagen. Die derzeitige Schwäche der praktischen Vernunft gegenüber dem wissenschaftlich-technischen Verstand, des Orientierungswissens gegenüber dem Verfügungswissen, erzeugt viele Skeptiker und wenig Überzeugte. Aber das darf nicht das letzte Wort in Sachen Leonardo-Welt sein. Schließlich ist die Leonardo-Welt nicht Ausdruck der Schwäche des modernen Menschen, sondern Ausdruck seiner Stärke, und zwar seiner rationalen Stärke. Diese wieder mit praktischer Vernunft zu verbinden, würde die Rationalität einer Leonardo-Welt nicht mindern, sondern sie erst zur vollen Entfaltung kommen lassen. Es lohnt sich, an die Adresse der Skeptiker gewandt, in Staat und Gesellschaft daran zu arbeiten.

Damit ist im übrigen auch klar, daß sich Verantwortungsfähigkeit und Urteilskraft nicht lehren und lernen lassen. Sie wollen vielmehr ebenso wie die Vernunft, die selbst ein moralisches bzw. ethisches Wesen hat, herausgelockt werden, sich selbst gewahr werden, sie wollen geübt sein. Urteilskraft, Vernunft und Verantwortungsfähigkeit stellen sich ein, indem man sie gebraucht, wie Erfahrung und Einsicht, nicht als Eingebung oder Gnade, also gewissermaßen auf der Rückseite unserer Rationalitäten, sondern als ein selbst erworbenes produktives Können. Als die eigentlich orientierenden Vermögen stellen Urteilskraft, Vernunft und Verantwortungsfähigkeit insofern auch die Zukunft einer Leonardo-Welt dar, die gerade hinsichtlich ihrer technologischen Kraft und ihrer zunehmenden Perfektibilität auf selbstbewußte und begründete Orientierungsleistungen angewiesen bleibt. Ohne klug beratende Urteilskraft, ohne klug beurteilende Vernunft und ohne klug gestaltende Verantwortung auch keine Zukunft einer Welt, die heute in wirklicher oder eingeredeter Orientierungslosigkeit zu versinken droht. Mit ihrem technischen Verstand hat sich die moderne Welt, eine Leonardo-Welt, selbst auf die Probe gestellt; nur mit der Wiederkehr der Urteilskraft und der Verantwortungsfähigkeit, den selbstbewußten Geschwistern der Vernunft, wird sie diese Probe auch bestehen.

Gernot Böhme

Technisierung der Wahrnehmung
Zur Technik- und Kulturgeschichte der Wahrnehmung

1. Strukturen der Wahrnehmung in der technischen Zivilisation

Das Thema *Technik und Wahrnehmung* ist keineswegs neu, im Gegenteil muß man sagen, daß es sowohl für die Technikgeschichte als auch für die Technikphilosophie geradezu paradigmatische Bedeutung hat, und einen bestimmten Typ von Beispielen lieferte, die immer wieder angeführt werden, um zu erläutern, was Technik sei. Die Frage danach, was Technik ist, implizierte durchaus die Frage nach der Bedeutung von Technik für den Menschen, d.h. die anthropologische Dimension, und für die Gesellschaft, also die soziologische und ökonomische Dimension. Dabei wurde aber in der Regel, was der Mensch ist und was Gesellschaft, vorausgesetzt und auf dieser Voraussetzung die Technik als ein Mittel zur Erreichung humaner Zwecke bzw. zur Realisierung gesellschaftlicher Funktionen angesehen. Wenn hier das Thema *Technik und Wahrnehmung* in der Nuancierung *Technisierung der Wahrnehmung* wiederaufgenommen werden soll, so in der Meinung, daß die humane und gesellschaftliche Bedeutung von Technik durch den Begriff eines Mittels unzureichend erfaßt wird. Genauer gesagt ist meine These, daß wir uns inzwischen in einer Phase der Humangeschichte befinden, in der Technik in das, was der Mensch ist, und das, was Gesellschaft ist, eingedrungen ist. Ebenso wie wir bereits angefangen haben, von Technostrukturen der Gesellschaft zu reden,[1] so müssen wir auch, zumindest für einige charakteristische Fälle, ins Auge fassen, daß die Wahrnehmung selbst technische Strukturen enthält, also technisiert wurde.

Wir leben in der technischen Zivilisation – das sagt sich so leicht. Man drückt damit die Ubiquität und die Unentbehrlichkeit technischer Mittel und Infrastrukturen aus. Aber gerade wegen dieser Ubiquität und Unentbehrlichkeit ist die Technik in gewissem Sinne schon selbstverständlich und damit auch unauffällig geworden. Und es läßt sich sehr schwer sagen, inwiefern sie bereits in die Selbstformation des Menschen und in sein Selbstverständnis

1 Der Ausdruck wurde von mir in einem Vortrag in Graz 1983 eingeführt: *Die Gesellschaftlichkeit von Technik und Natur*, in: Zt.f. Hochschuldidaktik 8, Sonderheft 9. (Hrsg. F. Moser/F. Ohler), 1984, S. 10-84. Siehe auch G. Böhme, Am Endes des Baconschen Zeitalters, Frankfurt a.M.: Suhrkamp 1993, V,1.

eingegangen ist, d.h. in die Bildung von Verhaltensmustern, Wahrnehmungs-, Verkehrs- und Arbeitsformen und die Bildung von gesellschaftlichen Institutionen. Was fehlt, ist eine Kulturgeschichte der Technik. Was man hier wissen müßte, ließe sich am besten erkennen durch das Studium der Einführung bestimmter Techniken bzw. durch die Konfrontation technischer Verhaltensweisen und Gesellschaftsformationen mit nicht-technischen. Solche Studien liegen durchaus vor, und sie zeigen, daß, was uns hier interessiert, Entwicklungen sind, die sich nicht nur in der Gegenwart abspielen, sondern sich zum Teil in weit zurückliegenden Perioden abgespielt haben, für die es fernliegen würde, von einer technischen Zivilisation zu reden. Ich möchte das Gesagte auch sogleich durch zwei Zitate pointieren, die solchen Studien entnommen sind, und denen ich auch meine Hauptbeispiele verdanke.

Das erste ist von Paul Feyerabend und bezieht sich auf die Einführung des Fernrohrs als Forschungsinstrument zur Zeit des Galilei. Feyerabend sagt in seinem Buch Wider den Methodenzwang[2]: Er habe bei seinen Forschungen die Hypothese verfolgt, „daß die Praxis der Fernrohrbeobachtung und die Bekanntschaft mit den neuen Berichten nicht nur das veränderte, was man durch das Fernrohr sah, sondern auch das, was man mit bloßem Auge sah" (175). Diese, von Feyerabend mit Bedacht als Hypothese bezeichnete Formulierung mag als extrem empfunden werden, weil sie ja nicht nur behauptet, daß die Fernrohrbenutzung eine Adaptation des Sehens an das Gerät impliziert, sondern daß die bloße Existenz des Fernrohrs die Kultur des Sehens im ganzen verändert.

Mein zweites Zitat stammt von der Körperhistorikerin Barbara Duden und bezieht sich auf die Visualisierungstechniken im Bereich der Reproduktionsmedizin, also Methoden der Endoskopie und der Sonographie, speziell der Sichtbarmachung des Kindes im Mutterleibe durch Ultraschall. Frau Duden grenzt dabei ihre Fragestellung bereits deutlich gegenüber den üblichen Fragestellungen einer Technikfolgenabschätzung ab. Letztere stellt Fragen wie: „Welche Option eröffnet die Verwendung dieser Technik in der Medizin? Was tut Ultraschall den Geweben an? Welche Folgen zeitigt seine Verwendung auf die Rechtslage von Frauen? Wem dient diese Technik und wodurch? Welche Auswirkungen haben ihre Kosten in Deutschland und in der Welt? Welche Alternativen gäbe es zur Verwendung dieser kostspieligen Technik? Wie schleust die Technik früher unbekannte Qualitätsstufen in die Schwangerschaft ein?"[3] (90) Von solchen Fragen setzt sie die Art ihrer Fragestellung ab durch folgende Formulierung: „Ein ganz anderer Zugang zur Bewertung der Technik und ihrer Geschichte fragt nicht danach, was eine Technik tut, sondern nach dem, was eine neue Technik sagt, welche Vorstel-

2 Paul Feyerabend, Wider den Methodenzwang. Skizze zu einer anarchistischen Erkenntnistheorie, Frankfurt a.M.: Suhrkamp 1976.

3 Barbara Duden, Der Frauenleib als öffentlicher Ort. Vom Mißbrauch des Begriffs Leben, Hamburg: Luchterhand 1991.

lungsformen, Wahrnehmungsstile und Befindlichkeiten sie durch ihre Existenz und Anwendung vermittelt“ (91). Die „Vorstellungsformen, Wahrnehmungsstile und Befindlichkeiten“, von denen Barbara Duden redet, beziehen sich auf die Erfahrung von Schwangerschaft und die Vorstellung vom Kind im Mutterleib. Ich mache darauf aufmerksam, daß – wie in dem Zitat von Feyerabend – Frau Duden von einer Veränderung der Wahrnehmungsformen auch dort redet, wo die Technik im Einzelfall nicht zur Anwendung kommt, d.h. davon, daß die bloße Existenz dieser Techniken die kulturellen Wahrnehmungsformen verändert.

Ich werde auf beide Beispiele noch genauer eingehen, möchte nur zuvor noch einmal darlegen, wie traditionell Wahrnehmung und Technik gesehen wurden, um auf diesem Hintergrund als Folie die Neuartigkeit der kulturgeschichtlichen Betrachtung von Technik, wie sie aus den Zitaten von Feyerabend und Duden zu entnehmen ist, um so deutlicher herausarbeiten zu können.

2. Traditionelles Technikverständnis

Ich möchte hier ein Technikverständnis skizzieren, für das von seiten der Anthropologie prototypisch der Name Arnold Gehlen, von seiten der Technikphilosophie prototypisch der Name von Ernst Kapp steht. Wenn auch ein Großteil gegenwärtiger Technikforschung jenseits von Kapp und Gehlen anzusiedeln ist, so muß man doch sagen, daß deren Vorstellungen bis heute noch vielfach nicht nur die durchschnittliche öffentliche Auffassung von Technik bestimmen, sondern zum Teil auch die Technikforschung selbst.

Kapp[4] ist noch ganz und gar einer auf die Antike zurückreichenden Tradition zuzuordnen, nach der Technik Nachahmung der Natur ist. Diese Auffassung impliziert eine große und auch berechtigte Achtung vor der Technik der Natur und sieht den Techniker oder Ingenieur in einer Schülerrolle gegenüber der Natur und sein Bestreben darin, den Menschen von der Natur unabhängig zu machen, indem er ihre Leistungen künstlich und damit kontrollierbar und verfügbar erreicht. Diese Auffassung findet sich beispielsweise heute noch in der Auffassung des Computers als Elektronengehirn und in der Forschungsrichtung der Bionik, in der etwa statische Prinzipien des Pflanzenwuchses für Hochbaukonstruktionen fruchtbar gemacht werden sollen oder für Schiffbau und Flugzeugbau die Strömungseigenschaften von Delphinen und Pinguinen untersucht werden. Man sieht an diesen Beispielen, daß diese Auffassung keineswegs einfach falsch ist – sie ist vielmehr sehr

---

4 Ernst Kapp, Grundlinien einer Philosophie der Technik. Zur Entstehungsgeschichte der Cultur aus neuen Gesichtspunkten, Braunschweig 1977.

fruchtbar – , aber sie ist unzureichend. Das zeigt beispielsweise schon die alte Technologie des Rades. Hier muß man mit Sybille Krämer[5] sagen, daß Technik nicht Nachahmung der Natur ist, sondern die materielle Realisierung gesellschaftlicher Funktionen, also von Verkehr, Kommunikation, Transport etc.

Aus dem Bereich der Wahrnehmung hat nun die Auffassung von Technik als Nachahmung der Natur von Anfang an besondere Nahrung erhalten – wegen der analogen Rolle von Linsen im optischen Gerät und im Auge bei der Produktion von Bildern und wegen der Analogie zwischen Auge und camera obscura. Auch heute noch, glaube ich, kann man sich kaum des Eindrucks erwehren, daß Fotografieren eine Art Nachahmung des Sehens mit technischen Mitteln ist und daß der Realismus von Fotos auf der Analogie der Bildproduktion durch die Kamera zur Bildproduktion im Auge beruhe. Durch meine Formulierung möchte ich andeuten, daß ich die Verhältnisse durchaus nicht für so klar halte, wie sie sich geben; vielmehr scheint es mir notwendig, auch in bezug auf den Fotoapparat entsprechend den Formulierungen von Feyerabend und Duden zu fragen, inwiefern er die kulturellen Muster unseres Sehens verändert hat – so daß der Realismus von Fotografie vielleicht ein sekundärer Effekt dieser Veränderung sein könnte. Im übrigen läßt sich überhaupt bezweifeln, ob das Foto mit Recht in Analogie zum gesehenen Bild verstanden werden kann, insofern am Foto dieselbe Modifikation des Gestalt-Switch vorgenommen werden kann wie an der Realität.

Nach der Nachahmungsthese müßten Visualisierungstechniken als technik-produziertes Sehen verstanden werden, das Thermometer als ein Gerät des Wärmefühlens, das Mikrofon als technisch-akustisches Organ. Die Datenproduktion, die durch diese Geräte ermöglicht wird, wäre damit nichts als eine Objektivierung, Präzisierung und Erweiterung dessen, was durch die sinnlichen Perzeptionsvorgänge ohnehin geschieht. Die Vorurteile einer Technikphilosophie, nach der Technik Nachahmung der Natur ist, berühren sich hier mit einer anderen Gruppe von Vorurteilen, die sogleich zu besprechen sind, nämlich den Vorurteilen einer physiologischen Wahrnehmungstheorie.

Nach der Anthropologie der Technik, wie sie paradigmatisch von Gehlen[6] entwickelt wurde, ist Technik Organentlastung, Organerweiterung und Organersatz. Insbesondere die These von der Organverlängerung und Organerweiterung findet im Bereich der Wahrnehmungstechniken ein reiches Beispielmaterial. Sowohl Teleskop als auch Mikroskop werden verstanden als Instrumente, die das Auflösungsvermögen des menschlichen Auges vergrößern und deshalb den Bereich des Sichtbaren oder, besser gesagt, des Unterscheidbaren erweitern. So ähnlich könnte man heute auch die Visualisierungstechniken im Bereich der Medizin als Techniken zur Erweiterung der

---

5 Sybille Krämer, Technik, Gesellschaft und Natur, Frankfurt a.M.: Campus 1982.

6 Arnold Gehlen, Die Seele im technischen Zeitalter. Sozialpsychologische Probleme in der industriellen Gesellschaft, Reinbek: Rowohlt 1957.

menschlichen Wahrnehmung ansehen. Die These von der Technik als Organentlastung[7] ist in gewisser Weise eine Spezialität von Gehlen, geht aber historisch auf Platons Protagoras zurück und ist eingebettet in die Auffassung des Menschen als Mängelwesen: Der Mensch ist aufgrund seiner unspezifischen Naturausstattung, seiner Instinktarmut und als physiologische Frühgeburt den Einwirkungen der Natur in einem Maße ausgesetzt, daß er nur durch Entwicklung von Technik überleben kann. Zu Techniken in dieser Funktion gehören bei Gehlen allerdings nicht nur materielle Mittelstrukturen, sondern auch gesellschaftliche Institutionen. Für die Wahrnehmung besagt die These vom Menschen als Mängelwesen, daß er einer unspezifischen Reizüberflutung ausgesetzt ist. Es wäre interessant, Wahrnehmungstechnologien unter dem Gesichtspunkt ihrer Entlastungsfunktion zu studieren. Sicherlich leisten sie durch Distanzsetzung und Parameterspezifikation eine Entlastung. Der moderne Tourist etwa entlastet sich von der Reizüberflutung in fremder Umgebung durch Fotografieren. Die Tendenz der Entlastung des Mängelwesens Mensch führt aber nach Gehlen zur Organsubstitution: Es werden Funktionen und Tätigkeiten, die der Mensch organisch leisten müßte, an den technischen Apparat abgegeben bzw. überflüssig gemacht. Hier geht es nicht nur um Fragen, die wir bereits gestellt haben, nämlich ob Fotografieren ein objektives Sehen sei und Tonaufnahmen durchs Mikrofon ein apparatives Hören, sondern um die Frage, ob durch die Fotografie die Gedächtnisleistung des Menschen entlastet oder gar substituiert wird und ob die Telekommunikation eine Entlastung bzw. Substitution von Kommunikation in leiblicher Anwesenheit darstellt.

Diese Fragen, die das Gehlensche Konzept eröffnet, sind zweifellos auch innerhalb unseres Rahmens interessant. Noch wichtiger aber ist, daß Gehlens anthropologisches Konzept von Technik voraussetzt, daß die organischen Funktionen des Menschen sind, was sie sind, und das heißt, vom Gebrauch bzw. der bloßen Existenz von Technik in ihrer Struktur nicht affiziert werden. Genau dieser Gesichtspunkt ist es, der Gehlens Konzept von Technik, so fruchtbar es ist, doch zu einem Konzept von beschränkter Reichweite macht. Auch ihm entspricht, was schon bei Kapp angemerkt wurde, eine Wahrnehmungstheorie, die auf Wahrnehmungsphysiologie eingeschränkt ist.

Wenn ich die Wahrnehmungsphysiologie als traditionelle Wahrnehmungstheorie bezeichne, dann mag das ebenso anstößig sein, wie wenn ich die Theorien von Kapp und Gehlen als traditionelle Techniktheorien vorstelle. Aber man darf einerseits die landläufige Auffassung nicht unterschätzen, nach der wir sehen, was unsere Augen uns zeigen, und hören, was unsere Ohren aufnehmen, und andererseits den Auftrieb, den physiologische Wahrnehmungstheorien durch die Fortschritte der Neurophysiologie erhalten haben. Die physiologische Wahrnehmungstheorie modelliert den Wahrneh-

7 Zum anthropologischen Grundbegriff der Entlastung: Arnold Gehlen, Der Mensch. Seine Natur und seine Stellung in der Welt, 7. Aufl., Bonn: Athenäum 1962.

mungsvorgang nach einem Reiz-Reaktionsschema, rechnet seit Müller und Helmholtz mit spezifischen Sinnesenergien und neuerdings mit internen Filter- und Rückkopplungsfunktionen. Damit ist es durchaus gelungen, die Fakten der Gestaltpsychologie neurophysiologisch zu reproduzieren. Aber es bleibt bestehen das Vorurteil, daß Wahrnehmung eine Leistung allein der Naturausstattung des Menschen sei und daß sie deshalb naturwissenschaftlich erkannt werden könnte. Es bleibt bestehen die nach Organen spezifizierte Auffassung der Wahrnehmungsleistungen und schließlich die Auffassung von Wahrnehmung als Rezeption, als einer der passiven Leistungen überhaupt. Demgegenüber muß gefragt werden, ob die Lehre von den fünf Sinnen nicht ein Produkt einer physiologischen Zugangsweise zur Wahrnehmung ist, und das zwar von alters her, aber nun verstärkt und verfestigt durch die technische Reproduktion von Wahrnehmungsleistungen. Ferner muß auf die kulturelle, und das heißt kulturgeschichtliche Formation von Wahrnehmung hingewiesen werden, die jeder empirischen Untersuchung in der Wahrnehmungsphysiologie entgehen muß – denn sie hat ja immer nur den jeweils kulturell formierten Organismus vor sich – , und schließlich muß die rein rezeptive Auffassung von Wahrnehmung überwunden werden: Wahrnehmung ist Wahrnehmung in Situationen, und insofern nicht nur ein rezeptiver, sondern ein kommunikativer Akt. Erst unter der Berücksichtigung von Wahrnehmungskulturen wird es möglich sein, die Rolle von Technik nicht nur für die Wahrnehmung, sondern in Wahrnehmung zu würdigen.

3. Wahrnehmungskulturen

Mit dem Begriff der Wahrnehmungskultur eröffnen wir uns die Möglichkeit, von der wahrnehmungsstrukturierenden Rolle von Technik Rechenschaft zu geben. Der Begriff der Wahrnehmungskultur unterstellt, daß Wahrnehmung kein rein physiologischer Akt ist und damit auch keine anthropologische Invariante: Es ist mit einem historischen Wandel der Wahrnehmungsweisen zu rechnen, ebenso wie auch mit Differenzen zwischen den Kulturen. Wenn aber Wahrnehmung etwas ist, was einer Kultur bedarf, so bedarf auch der einzelne, um kompetent wahrnehmen zu können, einer Kulturation oder Sozialisation. Es gibt eine Ausbildung von Wahrnehmungsweisen im Heranwachsen des Menschen, und ferner ist beim Übergang in eine andere Kultur eine Akkulturation notwendig, d.h. man wird zunächst für vieles in der fremden Kultur blind sein und erst allmählich sehen lernen. Bekannt ist die physiognomische Blindheit, die Europäer zunächst gegenüber Asiaten haben, wie auch umgekehrt. Die Einübung in bestimmte Wahrnehmungsweisen wird aber nicht nur von der Kultur im ganzen, sondern auch von bestimmten Situationen oder Praxiszusammenhängen abhängig sein. Unterschiedliche Berufe bilden unterschiedliche Sichtweisen aus und unterschiedliche Praxiszusammenhänge erzwingen unterschiedliche Wahrnehmungsweisen. Charakteristisch ist hier, daß das moderne Verkehrsverhalten zu einer Wahrnehmungsweise führt, in der Signale – nicht etwa Dinge – das primär Gegebene sind. Dabei kann man den Ausdruck Verkehr durchaus im weiten Sinne nehmen, also nicht nur am Straßenverkehr, sondern auch an Warenaustausch oder gar zwischenmenschliche Kommunikation denken.

Diese kurze Übersicht von mehr oder weniger weitreichenden kulturellen Determinanten läßt eine ganze Skala von alternativen Wahrnehmungsformen sichtbar werden: historische Differenzen, situationsbedingte Differenzen. Über diese Variabilität von Wahrnehmungsweisen hinaus legt diese Übersicht nahe, daß der heutige, der moderne Mensch individuell über verschiedene Wahrnehmungsweisen verfügt und deshalb gewissermaßen umschalten kann. Die Zerrissenheit moderner Lebensformen und ihre Multikulturalität setzt das Individuum gegenüber der kulturellen Bedingtheit seiner Wahrnehmungsformen frei und macht damit ihre Kulturabhängigkeit überhaupt erst sichtbar. Denn bestünde nicht diese Freiheit gegenüber den eigenen Wahrnehmungsformen, könnte man sie für Natur halten.

Diese Verhältnisse sind von Rudolf zur Lippe in seinem Buch Sinnenbewußtsein und von Dieter Hoffmann-Axthelm in seinem Buch Sinnesarbeit bereits umfänglich untersucht worden.[8] Bemerkenswert ist, daß beide auf die Frage der technischen Formation von Wahrnehmungsweisen nicht eingehen, d.h. umgekehrt: Sie rechnen nicht mit der Technik als einem kulturstiftenden Faktor. Gleichwohl sind ihren Werken für unsere Fragestellung wichtige Gesichtspunkte und Kategorien zu entnehmen. Ich nenne einige: Artikulation, Gestalt, Wahrnehmungsschlüssel, Sehen und Nichtsehen, Emotionalität der Wahrnehmung.

Mit dem Stichwort Artikulation soll darauf hingewiesen werden, daß Wahrnehmung ohne leitenden Praxiszusammenhang unbestimmt bleibt. Erst die Einübung in Praxiszusammenhänge artikuliert das Wahrnehmbare und macht es zu etwas Bestimmtem. Hieraus resultiert auch der enge Zusammenhang zwischen sprachlicher Differenzierung und Unterscheidungsmöglichkeiten in der Wahrnehmung. Bekannt ist die große praktische wie auch sprachliche Mannigfaltigkeit der Unterscheidungen von Schneearten bei den Eskimos. Gestalt hängt mit Artikulation zusammen. Die Gestaltpsychologie hat gegenüber dem Wahrnehmungselementarismus geltend gemacht, daß die Wahrnehmung sich immer schon zu Gestalten organisiert. Die Neurophysiologie hat inzwischen deren Ergebnisse durch andere Zugangsweisen bestätigt. Für unseren Zusammenhang ist aber entscheidend, daß die Gestalten, die das Wahrnehmungsfeld jeweils organisieren, nur zum geringeren Teil ange-

8 Rudolf zur Lippe, Sinnenbewußtsein. Grundlegung einer anthropologischen Ästhetik, Reinbek: Rowohlt 1987. Dieter Hoffmann-Axthelm, Sinnesarbeit. Nachdenken über Wahrnehmung, Frankfurt a.M.: Campus 1984.

boren sind. Es sind vielmehr erlernte Muster, die kulturell abhängig sind und vom Sozialisationsgrad bestimmt sind und als solche unterschiedlich das Wahrnehmungsfeld organisieren. Hoffmann-Axthelm hat die Lehre von dem gestalthaften Sehen in seiner Begrifflichkeit der gesellschaftlichen Schlüssel der Wahrnehmung fortentwickelt. Mit diesem Terminus hat er zum Ausdruck gebracht, daß die Wahrnehmungsweisen durchaus auch schichtspezifisch, geschlechtsspezifisch, altersspezifisch und berufsspezifisch sein können. Der Ausdruck Schlüssel betont das aktive Moment in der Wahrnehmung: Durch sie wird jeweils eine Situation erst in bestimmter Weise erschlossen. Von der Psychoanalyse her und inzwischen auch durch die Untersuchungen der französischen Philosophen, beispielsweise Foucaults, hat man gelernt, daß Wahrnehmen auch immer zugleich Nichtwahrnehmen oder Wegblicken und Verleugnen ist. Dabei handelt es sich um mehr als die von der Neurophysiologie festgestellte laterale Verdrängung, die eng mit der Artikulation der Wahrnehmung zusammenhängt. Vielmehr hat Wahrnehmen und Nichtwahrnehmen mit der Affektivität jedes Wahrnehmungsaktes zu tun. Wahrnehmung ist nicht nur immer interessegeleitet, sondern auch von Ängsten bestimmt und von emotional oder mythologisch aufgeladenen Wahrnehmungsschlüsseln, die gegebenenfalls auch die Wahrnehmung verschließen. Hoffmann-Axthelm hat solche Phänomene insbesondere im Bereich der leiblich-sexuellen Wahrnehmung aufgewiesen.

Mit diesen wenigen Hinweisen auf die Ansätze zu einer Kulturgeschichte der Wahrnehmung will ich es jetzt bewenden lassen, um mich mit Hilfe von Beispielen der Frage zuzuwenden, inwiefern die Technik selbst ein Faktor in dieser Kulturgeschichte sein kann.

4. Das Fernrohr, das Sehen und die Theorie des Sehens

Ich wende mich jetzt den Beispielen zu, die mit den Äußerungen der beiden Kronzeugen Feyerabend und Duden verbunden sind. Feyerabend folgt in seinem Buch „Wider den Methodenzwang" der Tendenz, auch den Verlierern in der Wissenschaftsgeschichte ihr Recht zurückzugeben. Das hängt mit seiner Grundauffassung zusammen, daß es keine maßgebliche Methodologie für die Wissenschaft gebe und die Wissenschaft eher eine Art Kunst sei. Das für uns relevante Beispiel ist die Einführung des Fernrohrs als ein wissenschaftliches Instrument. Bekanntlich haben ja Galileis Kollegen, denen er mit seinem Fernrohr die von ihm entdeckten Trabanten des Jupiter vorführen wollte, diese entweder nicht gesehen oder aber sich überhaupt geweigert, sich deren Existenz mittels des Fernrohrs beweisen zu lassen. Feyerabend möchte diese Gelehrten von dem Odium der Ignoranz und des sturen Konservatismus befreien, indem er darauf hinweist, daß sich für beides gute Gründe angeben lassen.

Zunächst zu der Behauptung, daß sie die von Galilei angegebenen Phänomene nicht gesehen haben: Für jeden von uns ist wohl nachvollziehbar, daß der Gebrauch von Instrumenten, insbesondere optischen, durchaus Übung verlangt. Fast niemand, der zum erstenmal durch ein Mikroskop schaut, sieht etwas Bestimmtes. Mit dem Teleskop mag es etwas einfacher sein, vielleicht täuscht aber die Tatsache, daß es im Alltag gebräuchlicher ist. Aber selbst mit dem Sucher von Fotoapparaten haben manche Leute Schwierigkeiten. Die Probleme mit Mikroskop und Teleskop resultieren einerseits aus dem einäugigen Sehen, andererseits daraus, daß im Blick durch diese Geräte zunächst nicht klar ist, auf welche Weite das eigene Auge scharfgestellt werden soll – wenn man das in diesem Zusammenhang überhaupt sagen darf. Durch diesen Punkt wird erst deutlich, daß es bei den optischen Instrumenten auf das Scharfsehen ankommt. Die Einführung dieser Instrumente führt langfristig zu einer Dominanz des Scharfsehens innerhalb der verschiedenen Qualitäten des Sehens.

Die Probleme mit dem Mikroskop sind sicherlich auch deshalb gravierender, weil für den Ungeübten nicht einmal klar ist, was er sehen soll. Hier handelt es sich deutlich – jedenfalls zunächst – um das Fehlen von Gestalten, von organisierenden Wahrnehmungsmustern. Es ist deshalb zwar zirkulär, aber unvermeidlich, daß man Kinder beim ersten Gebrauch nicht zumutet, durch das Mikroskop etwas zu entdecken, sondern ihnen aufmalt, was sie sehen sollen. Werner Kutschmann hat in seiner Arbeit Der Naturwissenschaftler und sein Körper[9] eindrücklich dargestellt, welcher historischen Disziplinierung der Wahrnehmung es bedurfte, um wissenschaftliche Instrumente wirklich zur Datengewinnung effektiv zu machen. Diese Disziplinierung muß jeder einzelne in seinem Leben nacharbeiten.

Der zweite Punkt, nämlich daß Galileis Zeitgenossen zum Teil sich geweigert haben, durch das Teleskop zu schauen bzw. es als Beweismittel zur Bestimmung wissenschaftlicher Tatsachen zuzulassen, hat viel historischen Spott hervorgerufen. Aber dieser Spott beweist im Grunde nur, daß zwischen Galilei und uns durch die inzwischen erfolgreiche Etablierung wissenschaftlicher Instrumente ein fundamentaler Wandel des Wahrnehmens stattgefunden hat. Man kann diesen Punkt am besten durch den Hinweis deutlich machen, daß für Galileis Zeitgenossen Zweifel bestanden, ob das Teleskop nicht ein täuschendes Instrument sei. Von der Antike bis weit ins 18. Jahrhundert wurden ja Instrumente überhaupt als Mechanik, d.h. als Unternehmen der List, als trickreiche Installationen, aufgefaßt. Warum sollte ein Teleskop nicht ein Instrument zur Erzeugung optischer Phantasmata sein? Dieses Problem war im Falle Galilei besonders gravierend, weil seine Anwendung des Teleskops sich ja auf Himmelskörper bezog, wo eine Kontrolle des Gesehenen durch Zugang zum Objekt nicht möglich war. Inzwischen haben sich die

---

9 Werner Kutschmann. Der Naturwissenschaftler und sein Körper, Frankfurt a.M.: Suhrkamp 1986.

Verhältnisse gewissermaßen umgekehrt: Wir sind gewohnt, Auskünfte über das, was die Himmelskörper sind und wie sie aussehen, uns durch Instrumente vorgeben zu lassen und fragen uns höchstens, ob andere, also unsere sinnlich-leiblichen Zugänge geeignet sind, die Tatsachen festzustellen. Ich erlaube mir, ein Beispiel aus einem ganz anderen Sinnesbereich hinzuzufügen: War das Thermometer ursprünglich ein Gerät, um das Gefühl des wärmer und kälter zu quantifizieren – so entstand der Temperaturbegriff – , so fragen wir uns heute, ob unser subjektives Wärmegefühl geeignet ist, Temperatur festzustellen.

Nun zurück zum Beispiel Teleskop: Für Galileis Zeitgenossen war zudem unklar, ob nicht das Bild, was sie im Teleskop sahen, tatsächlich im Teleskop entstand. Also beispielsweise, ob die Erscheinung der Jupiter-Trabanten nicht irgendwelchen Reflexeffekten im Gerät zuzurechnen war. Um solchen Zweifeln zu begegnen, fehlten Galilei genaugenommen die Mittel, d.h. es fehlte eine optische Theorie des Teleskops. Diese wurde erst etwas später durch Kepler nachgeliefert. Man könnte glauben, daß dies ein relativ marginaler Punkt sei, denn natürlich wird ein Gerät zur wissenschaftlichen Datenfeststellung nur dann taugen, wenn man eine Theorie dieses Gerätes hat. Es handelt sich aber im Gegenteil um einen gewichtigen Punkt, weil nämlich die Theorie Keplers, die zum Verständnis des Gerätes entworfen wurde, zugleich zum Verständnis des Sehens selbst beitrug bzw. selbst zu einer Theorie des Sehens wurde, die ältere ablöste. Eine dieser älteren Theorien ist beispielsweise die Platons, nach der das Sehen ein zweiseitiger Prozeß ist, d.h. daß Bilder durch ein Zusammentreffen des Lichtes des Auges mit dem Licht, das von den Gegenständen ausgeht, zustande kommt. Eine andere war die Aristotelische Theorie, nach der Sehen nicht mittels des Lichtes, sondern im Licht stattfindet. Durch Keplers optische Theorie wurde deshalb das menschliche Selbstverständnis des Sehens verändert. Sehen wird zu einer Abbildungsbeziehung mit Hilfe von Lichtstrahlen.

Feyerabend zögert nun, seine Hypothese „daß die Praxis der Fernrohrbeobachtung ... nicht nur das veränderte, was man durch das Fernrohr sah, sondern auch das, was man mit bloßem Auge sah" (175) dahingehend zu verschärfen, „daß die Daten selbst anders beschaffen waren" (175). Man fragt sich ein bißchen, woher dieses Zögern kommt und worin diese Verschärfung bestehen würde. Heißt nicht Veränderung dessen, was man mit dem bloßen Auge sieht, daß man eben vorher und nachher etwas anderes gesehen hat? Tatsächlich hat Feyerabend Zweifel, ob man zwischen Anaximander und Lukrecius im Mond ein festes Gesicht, d.h. bestimmte Oberflächenstrukturen gesehen habe. Durch andere Zeugen von Aristoteles bis Plutarch meint er dagegen eine bestimmte feste Mondphysiognomie identifizieren zu können. Das führt ihn dann zu der Alternative, daß die Veränderung des Sehens nicht das betroffen habe, was man sah, sondern ob man es für wichtig und für die astronomische Theorie für relevant ansah (175, 177). Dieses eigentümliche

Schwanken bei Feyerabend resultiert meines Erachtens daraus, daß er überhaupt diese Alternative zwischen wohlbestimmter Erscheinung und ihrer Relevanz unterstellt. Denn das Gegebene artikuliert sich ja erst dadurch, daß es auf Bestimmtes hin angesehen wird, d.h. daß es in einem bestimmten Kontext als relevant angesehen wird. Dabei mag sich der Relevanzkontext auch historisch verändern, so daß die Artikulation und damit auch die Bestimmtheit der Erscheinung sich wandelt. Es ist wirklich ein Unterschied, ob man im Mond nach der Physiognomie eines Gesichtes fahndet oder Konturen von Gebirgen erkennen will.

Wenn wir rückblickend zusammenfassen, welche Veränderungen die Existenz des Fernrohrs für die Wahrnehmung der Himmelskörper gebracht hat und damit in gewissem Sinne auch für das Sehen im ganzen, so ist folgendes festzuhalten:

1. Durch die Existenz optischer Geräte ist das Scharfsehen zum dominanten Parameter optischer Wahrnehmung überhaupt geworden.
2. Durch die Existenz optischer Geräte hat es einen Umschlag im privilegierten Zugang zu Tatsachen gegeben. Hatten sich die Geräte ursprünglich an der sinnlichen Wahrnehmung zu messen, so heute umgekehrt, die sinnliche Wahrnehmung an den Leistungen der Geräte.
3. Die durch optische Geräte vermittelte Kenntnis der Himmelskörper und allgemeiner der Realität überhaupt versieht auch das *unbewehrte* Wahrnehmen heute mit wahrnehmungsorganisierenden Mustern und Relevanzgesichtspunkten.

5. Die Endoskopie, das Kind im Mutterleib und das leibliche Selbstverständnis

Mein zweites Beispiel bezieht sich auf die Visualisierungstechniken, durch die der menschliche Leib zu einem Gegenstand des Sehens geworden ist. Barbara Duden hat in ihrem Buch „Der Frauenleib als öffentlicher Ort“ in großen Zügen diese Geschichte von den Anfängen neuzeitlicher Anatomie in der frühen Neuzeit bei Leonardo und Vesal bis hin zu den modernen Techniken der Endoskopie beschrieben. Dabei geht es nicht nur um die Entwicklung optischer Geräte, durch die das Innere des menschlichen Leibes sichtbar gemacht werden kann, sondern bereits um die Methoden der Anatomie, die Öffnungs- und Schneidetechnik, um Präparations- und Zeichentechniken.

Unter dem Stichwort Visualisierung wird dann nicht nur wie im ersten Beispiel die technikbestimmte Veränderung von Wahrnehmungsmustern einer sinnlichen Dimension untersucht, sondern die Verlagerung von einer

Dimension in die andere: Es geht um die Veränderungen leiblichen Selbstverständnisses dadurch, daß das Primat des Fühlens und leiblichen Spürens in der Erkenntnis des eigenen Körpers abgelöst wird durch das Primat des Sehens. Das Schwergewicht der Untersuchungen liegt auf gewissen technischen Entwicklungen des 20. Jahrhunderts, durch die, wie Frau Duden meint, das Verständnis von Schwangerschaft und die Beziehung der Frau zu ihrem werdenden Kind fundamental verändert worden sei.

Die Techniken, die Frau Duden untersucht, sind vor allem drei: Die Sonographie, d.h. also die Sichtbarmachung des Leibesinneren durch Ultraschall, die direkte Fotografie und optische Erkundung mittels Sonden im Leib, von ihr foetuscopie in situ genannt, und schließlich die Sichtbarmachung der Eibefruchtung und der Frühstadien der Zellentwicklung mit Hilfe des Ultramikroskops. Alle drei Techniken betrachtet sie als Techniken, mit denen das an sich Unsichtbare sichtbar gemacht werde. Dabei ist die Fötuskopie noch am ehesten als eine rein optische Technik zu betrachten – „Ein extremer Fall des Fernrohrs" – wie Frau Duden sagt (25). Auch hier handelt es sich aber um Visualisierung, d.h. um Sichtbarmachung eines an sich Unsichtbaren: Man kann sich nicht in den eigenen Leib schauen. Und wenn es auf diese Weise apparativ geschieht, so geht verloren, daß es der eigene ist, d.h. man sieht sich selbst wie etwas Fremdes. Was man sieht, ist als solches nicht mehr im eigenleiblichen Spüren gegeben – mit Schmitz gesprochen könnte man von einer Umwandlung von einer subjektiven in eine objektive Tatsache reden.[10] Es kommt hinzu, daß das Bild, das man mit Hilfe dieser Technik sieht, ein Konstrukt ist, weil es nämlich aus einer großen Zahl von Einzelaufnahmen montiert wird. Das trifft jedenfalls für die Bilder zu, die dem Laien präsentiert werden. Ich zitiere Frau Duden: „Was so in den Fokus kam, waren nur kleine, nichtssagende Ausschnitte aus dem Innern der Gebärmutter. Erst die Montage solcher oft stark retuschierter Nahaufnahmen ... stützte die Illusion, daß nun das seit jeher Unsichtbare sichtbar geworden war" (25).

Bei den Aufnahmen, die mit Hilfe des Ultramikroskops und der Sonographie hergestellt werden, handelt es sich noch in einem viel fundamentaleren Sinne um Bildkonstrukte. Was durch das Ultramikroskop an Zellulärem sichtbar gemacht wird, spielt sich in Größenordnungen ab, die unterhalb der Wellenlänge des Lichtes liegen, d.h. es handelt sich um Konturen, die unterhalb des Auflösungsvermögens sichtbaren Lichtes liegen. Frau Duden spricht hier mit Recht von Photogonie: „Das ist nicht Abzeichnen mit Licht, sondern die Schöpfung mit Licht, denn das Objekt wird nicht vom Licht abgezeichnet (photographiert), sondern aus Licht hergestellt. Es ist aus Licht gemachter Schein, Photogonie" (27). Hier handelt es sich also im allerstrengsten Sinne um Visualisierung, um die Sichtbarmachung von an sich Unsichtbarem.

10 Zu dieser Unterscheidung siehe beispielsweise Hermann Schmitz, Der unerschöpfliche Gegenstand, Grundzüge der Philosophie, Bonn: Bouvier 1990, S. 6ff., et passim.

Dasselbe gilt auch für die Sonographie. Hier wird das Bild nicht mehr mit elektromagnetischen Wellen hergestellt, d.h. mit Wellen, die physikalisch gesehen von derselben Gattung sind wie die Lichtwellen, sondern mit Schallwellen. Deren Echo in der Tiefe des Leibes wird durch Computer analysiert, und das Ergebnis wird auf Monitoren sichtbar gemacht, deren Bildschirmgraphik dann auch als Foto ausgedruckt werden kann.

Diese sonographisch hergestellten Fotos sind ein wesentlicher Faktor der Veränderung, die sich im Selbstverständnis von schwangeren Frauen in der jüngsten Vergangenheit vollzogen hat. Was einmal die Leibesfrucht war, die sich in und aus der Frau entwickelte, oder das Kind im Mutterleib, das sich regte, wird nun ein jemand mit Namen, Ansprüchen und dann auch Rechten. Ich zitiere eine charakteristische Erfahrung, die Frau Duden mit einer Schwangeren Namens Joanne machte:

„Ein schwarzweißes Photo in Postkartengröße ging bei den fünf Frauen von Hand zu Hand. Auf dem Bild konnte man schemenhaft eine Art Kegel ausmachen, in dessen Mitte sich zwei ungleiche vielzackige Schatten abzeichneten. Am Rand des Glanzpapiers war eine Skala angebracht. ‚Das ist Brendan', sagte Joanne, ‚sein Wachstum ist normal', und dabei verglich sie die Enden der Schatten mit den Maßeinheiten am Rand. Mit rundem Bauch saß sie neben mir und erklärte den Kaffeegästen, was da noch zu sehen sei. Das Dunkle da, der Kopf, der Bauch, und das sollen die Füße sein, die er am Bauch hochgezogen hält. ‚Look, look, ..., hier sieht man vielleicht den Penis.'" (38f.)

Das Interesse von Forschungen zur Visualisierung von Schwangerschaft und Leibesfrucht ist natürlich auch durch die gegenwärtigen Debatten über Abtreibung, pränatale Diagnose und Selektion und schließlich wissenschaftliche Experimente mit Zygoten bzw. Föten bestimmt. Frau Duden will deutlich machen, daß die Veränderung der Wahrnehmung von Zeugung, Schwangerschaft, Geburt auch Veränderungen von Wahrnehmung in einem allgemeineren Sinne sind, nämlich im Sinne von Vorstellungswelten und öffentlichem Bewußtsein. Embryos, Föten, Zygoten sind nicht naturgegeben, sondern durch eine bestimmte technisch-wissenschaftliche Zugangsweise zu Zeugung, Schwangerschaft und Geburt konstituiert. Frau Duden zeigt, daß die Argumentation, selbst (oder gerade) wenn sie zum Schutz vorgeburtlichen Lebens geführt wird, bestimmt ist durch einen Prozeß der Visualisierung, der von der Leibesfrucht über den Embryo und Fötus zum abstrakten Begriff eines menschlichen Lebens geführt hat. Für die schwangere Frau bedeutet das umgekehrt, daß sie sich heute als Umwelt eines werdenden Lebens verstehen muß, das ihr gegenüber schon vorgeburtlich Ansprüche und Rechte hat und für dessen Wohlergehen sie verantwortlich ist. Eva Schindele hat in ihrem Buch Gläserne Gebär-Mütter[11] dasselbe schon vor Frau Duden schärfer formuliert: „Der Leib der Frau, der bislang die Identität des Ungeborenen vor dem Zugriff von außen geschützt hat, wird zum gefährlichen Ort umgedeutet,

11 Eva Schindele, Gläserne Gebär-Mütter. Vorgeburtliche Diagnostik – Fluch und Segen, Frankfurt a.M.: Fischer 1990

während gleichzeitig der lebende Embryo zum vielfachen Objekt der wissenschaftlichen Begierde wird“ (22).

Ich fasse zusammen: Die Visualisierungstechniken im Bereich der Reproduktionsmedizin verändern die Erfahrungen der Schwangerschaft und damit die Selbstwahrnehmung der werdenden Mutter und ihres Kindes. Es handelt sich primär um einen Übergang zu einer anderen Wahrnehmungsgattung, nämlich vom eigenleiblichen Spüren zum Sehen. Damit ist eine Distanzierung und Objektivierung, und das heißt zugleich Entfremdung, verbunden. Selbst wenn diese Techniken im Einzelfall nicht angewandt werden, so ist das, was im öffentlichen Bewußtsein vorgeburtliches Leben und Schwangerschaft ist, durch diese Techniken verändert. Die Diskussion um die politischen und rechtlichen Probleme in diesem Bereich beziehen sich bereits nicht mehr auf das eigenleiblich Gespürte, sondern auf Gegenstände (befruchtetes Ei, Blastozyt, Fötus etc.), die durch diese Techniken mitkonstituiert sind.

6. Schluß: Forschungsperspektiven

Wenn ich zum Schluß versuche, den Prozeß der Technisierung der Wahrnehmung unter allgemeinere Gesichtspunkte zu stellen, so will ich zugleich noch stichwortartig weitere Beispiele erwähnen, um deutlich zu machen, daß es sich hier um ein Forschungsfeld handelt, das noch wenig bearbeitet ist.

Wenn wir auf die Beispiele zurückblicken, so fällt dabei ein Übergewicht des visuellen Bereichs auf. Natürlich entspricht das der Prävalenz des Sehens in unserem Kulturkreis, die ja soweit geht, daß häufig Sehen und Wahrnehmen gleichgesetzt wird. Es stellt sich die Frage, ob verwandte Prozesse in anderen Bereichen der Sinnlichkeit feststellbar sind. Immerhin berührte das Beispiel Visualisierung im Bereich der Reproduktionsmedizin bereits das Fühlen oder das eigenleibliche Spüren. Ferner wurde das Beispiel des Thermometers und seine Rolle in der Wärmewahrnehmung erwähnt. Sehr einschneidende Veränderungen finden aber auch im Bereich des Hörens statt. Die relevanten Technologien sind hier nicht Hörgeräte, so wie im Bereich des Sehens Teleskop und Mikroskop Sehgeräte sind. Vielmehr geht die Wandlung des Hörens von den Reproduktionstechnologien aus. Wurden diese ursprünglich von Kulturkritikern wie Adorno abfällig als unzulängliche Substitute für das Hören in aktueller Gegenwart angesehen, so hat bereits Walter Benjamin in seiner berühmten Arbeit über Das Kunstwerk im Zeitalter seiner technischen Reproduzierbarkeit (1937) vorausgesehen, daß die neuen Reproduktionstechniken Kunstgattungen und Wahrnehmungsweisen eigener Art hervorrufen würden. Tatsächlich haben die modernen Technologien die Ansprüche an das Hören nicht, wie Adorno meinte, nivelliert, sondern im Gegenteil bedeutend gesteigert. Ferner haben sie zu einer Ubiquität von Musik und Hörerfahrungen überhaupt geführt, bzw. – etwa im Rahmen des weltweiten Projektes Soundscapes – die Aufmerksamkeit auf die Allgegenwart des Akustischen gerichtet. Im Bereich der Musik selbst haben sie zur Entdeckung des Sounds, der Räumlichkeit von Musik, der Integration von Alltagsgeräuschen bis hin zum Lärm und schließlich zu einer Rehabilitation der Stimme geführt. Der technisch-kulturelle Wandel der Hörgewohnheiten ist noch wenig untersucht. Als Beispiele seien die Forschungen zur Entstehung des Konsumismus in den 50er Jahren und der Entwicklung von Musik als einem paradigmatischen Konsumgut[12] erwähnt und der Essay von Shuhei Hosokawa Der Walkman-Effekt.[13] Hosokawa studiert das Walkman-Hören als Element moderner urbaner Lebensformen.

Man könnte auf diese Weise die einzelnen Sinne durchgehen. Dabei aber liefe man Gefahr, der physiologisch orientierten und technologisch verfestigten Lehre von den fünf Sinnen zu folgen. Den Restriktionen einer solchen Wahrnehmungstheorie ist entgegenzuhalten, daß Wahrnehmung sich zwischen den Polen einer atmosphärischen oder synästhetischen Wahrnehmung auf der einen Seite und einer Zeichenwahrnehmung auf der anderen Seite abspielt. Was durch die technische Produktion von Atmosphären einerseits und die technische Beherrschung der Bilderwelt andererseits mit der leiblich-sinnlichen Existenz des Menschen geschieht, ist noch ganz offen. Die möglichen Alternativen sind durch die Stichworte neue Sinnlichkeit und Cyberspace angedeutet. Klar ist jedenfalls, daß, was die sinnliche Existenz des Menschen ist, sich unter der Randbedingung moderner Medientechnologien definiert.

Ich will zum Abschluß versuchen, die Haupttrends der Technisierung der Wahrnehmung zu benennen:

1. Für die neuzeitliche Wissenschaft ist festzustellen, daß sie versucht, sich von sinnlicher Wahrnehmung überhaupt unabhängig zu machen. Als wissenschaftliches Datum gilt letzten Endes nicht, was in sinnlicher Wahrnehmung gegeben ist, sondern was sich am Apparat zeigt. Dieser Trend hat sich in der Naturwissenschaft schon fast vollständig durchgesetzt, in der Medizin ist er noch im Gange. Wichtig ist, daß der Übergang zur apparativen Datengewinnung eine Rückwirkung auf die Alltagspraxis und die Selbsterfahrung des Menschen hat. Hier ist an den Thermometergebrauch und die Biofeedback-Geräte zu denken.
2. Die Technisierung der Wahrnehmung führt zu einer Abwertung der unmittelbaren, der *unbewehrten* Sinnlichkeit. Hatten Geräte sich ursprünglich an der menschlichen Sinnlichkeit zu messen, so gilt nun um-

---

12 Katalog, Perlon, Petticoat und Pestizide (Hrsg. Arne Anderson), Basel/Berlin: Fr. Reinhardt 1994.

13 Shuhei Hosokawa, Der Walkman-Effekt, in: Barck, K.-H./Gente, P./Paris, H./Richter, S., Aisthesis. Wahrnehmung heute oder Perspektiven einer anderen Ästhetik, Leipzig: Reclam 1980, S. 229-251.

gekehrt, daß der apparative Zugang zur Realität den Maßstab für die Sinnlichkeit setzt.

3. Mit der Technisierung der Wahrnehmung sind nicht nur Prozesse der Objektivierung, sondern auch der Veräußerlichung und Entfremdung verbunden. Die Technisierung bedeutet zwar einen Zuwachs an Intersubjektivität, Verläßlichkeit und Präzision der Wahrnehmung, auf der anderen Seite setzt sie aber eine Distanz zum Wahrgenommenen und führt zu einem Verlust an affektiver Teilnahme.
4. Die Technisierung der Wahrnehmung führt zur Etablierung neuer Wahrnehmungsmuster. Die *Wahrnehmungsschlüssel*, mit deren Hilfe wir das Wahrnehmungsfeld organisieren, werden durch Wahrnehmungsgeräte und Reproduktionstechnologien verändert bzw. überhaupt erst neu gebildet.
5. Die Technisierung der Wahrnehmung führt zu einer Verselbständigung der Wahrnehmungswelt. Ist Wahrnehmung prinzipiell medienvermittelt, d.h. wird *was* man wahrnimmt *im* Medium wahrgenommen, so wird es durch die Einrichtung technischer Medien möglich, daß Wahrnehmung sich quasi nur noch im fiktiven Raum abspielt.

Indem ich so gewisse Trends der Technisierung der Wahrnehmung benenne, habe ich der Darstellung implizit bereits einige Science-fiction-Momente beigemischt – vielleicht sogar zu wenige. Denn es ist kaum möglich, die geradezu explosive Entwicklung der Wahrnehmungs- und Reproduktionstechnologien in unserem Jahrhundert in bezug auf die Veränderung menschlicher Lebensformen richtig einzuschätzen, ohne mit Science-fiction-Literatur die Tendenzen ein Stück weit zu extrapolieren. Technikentwicklung ist bisher hauptsächlich für Arbeits- und Produktionstechnologien, für Verkehrstechnologien und für Kriegstechnologien untersucht worden. Aber über Wahrnehmungs- und Reproduktionstechnologien wird die Technikentwicklung bestimmen, was zukünftig Menschsein ist.

Wir haben in unserer Darstellung die Konsequenzen für die Ethik bereits gestreift. Die Visualisierungstechniken im Bereich der Reproduktionsmedizin bestimmen nicht nur, was wir wahrnehmen, sondern auch, welche Vorstellungen wir überhaupt von Zeugung, Schwangerschaft, Geburt und menschlichem Leben haben und von daher, was uns in diesem Bereich geboten und erlaubt erscheint. Die Konsequenzen für menschliche Praxis sind heute dramatisch im Bereich der Chirurgie. Die vielfältigen Endoskopien haben in gewisser Weise zu einer Realisierung des Phantasmas des gläsernen Menschen geführt. Chirurgie muß nicht mehr Öffnung des Leibes und Eingriff heißen, vielmehr bewegt sich der Operateur indirekt mittels des Monitors im Leibesinneren selbst. Schließlich verändert die Technisierung der Wahrnehmung die Lebensformen, d.h. den Vollzug des Alltagslebens. Sinnliche Wahrnehmung ist ihrem allgemeinsten Begriffe nach eine Form des Gegenwärtigseins, der leiblichen Präsenz. Technisierung der Wahrnehmung legt einen Schnitt in diese leibliche Präsenz, macht sie reflexiv, distanziert und verdoppelt sie. Diese Entwicklung fing bereits mit dem Fotografieren im Alltag, dem sogenannten Schnappschuß, an, die Erlebnisformen zu verändern. Konnte der Schnappschuß noch als nachträgliche Erinnerungshilfe gewertet werden, so präsentierte er doch bereits etwas, was eben wegen des Fotografierens nicht mehr erlebt wurde. Diese Entwicklung wurde fortgesetzt durch das Polaroidfoto, durch das in der jeweiligen Situation ihre Verbildlichung verfügbar wurde. Dabei wurde bereits der Erlebnisgehalt aus dem Bild entnommen. Gegenwärtig setzt sich diese Linie fort durch die Videokamera. Das Erleben findet hier nicht mehr in der Situation, sondern abends vor dem Fernseher statt. Was geschehen ist und was erlebt wurde, definiert sich durch das Bild. Deshalb ist es auch wichtig, selbst im Bild zu erscheinen bzw. bei Ereignissen für deren Verbildlichung zu sorgen. Das führt neuerdings dazu, daß Feste und biographische Anlässe auf den Videofilm hin inszeniert werden.

Mit den Auswirkungen auf Ethik, menschliche Praxis und Lebensformen haben wir den engeren Kreis der Technisierung der Wahrnehmung bereits verlassen. Doch Wahrnehmung bleibt eingebettet in den Zusammenhang kultureller Praxis und den Vollzug des menschlichen Lebens. Und so sind solche Überschreitungen wohl gefordert, will man ein Bewußtsein davon gewinnen, was mit uns als Menschen durch die Technisierung der Wahrnehmung geschieht.

Technische Zivilisation und Natur

Klaus Eder

Kommunikation über Umwelt Zur Politisierung der gesellschaftlichen Aneignung von Natur

1. Umwelt als Thema gesellschaftlicher Kommunikation

Umwelt ist ein Thema, an dem alle sich beteiligen können. Sie können darüber reden, sie können sogar etwas für sie tun. Dieser Modus der Kommunikation über die Außenwelt der Gesellschaft deutet einen Wandel des Umgangs mit dieser Außenwelt an: eine Entdifferenzierung der Diskurse über Natur und damit verbunden eine Demokratisierung dieses Diskurses in dem Sinne, daß prinzipiell alle sich daran beteiligen können. Das Kontrastmodell ist Kommunikation über Technik. Die Außenwelt der Gesellschaft in der durch den Begriff Technik gekennzeichneten diskursiven Ordnung wird in funktional differenzierten Diskursen erfaßt: im genuin technischen Diskurs, ausdifferenziert im Wissenschaftssystem, und im technikkritischen Diskurs, ausdifferenziert im literarisch-intellektuellen Diskurs.[1] Der Umweltdiskurs hat diese Differenz zugleich radikalisiert und dabei die sozialstrukturelle Lokalisierung dieser Kommunikation im Oberschichtendiskurs unterminiert. Alle können und sollen sogar über Umwelt reden. Trotz aller Klagen über die fehlende Alltagsbedeutung des Umweltbewußtseins hat Umweltkommunikation längst den Alltag erreicht. Die Verdoppelung und Spiegelung dieses Alltags liefert der Mediendiskurs. Er bietet die Standardsituationen für Alltagskommunikation an, in denen sich Menschen über etwas streiten (z.B. die Talkshow: eine Inszenierung mit fiktiver Öffentlichkeit usw.).

Die diskursive Ordnung der Außenwelt der modernen Gesellschaft verändert sich in diesen Prozessen der Entdifferenzierung und Demokratisierung der Kommunikation über Umwelt. Der Begriff bereits ist ein Novum: Umwelt, so wie wir sie heute verstehen, existiert erst seit 30 Jahren. Jenseits von reiner Natur und gemachter Natur (Technik), der alten diskursiven Ordnung, in der die moderne Gesellschaft ihr Verhältnis zur Außenwelt bestimmte, entsteht ein „praktisches" Außenweltverständnis, Natur als „Umwelt", das Betroffenheit, politisches Engagement, bürokratische Geschäftigkeit, religiöse Kommentare und schließlich politisch-rechtliche Reaktionen auslöst. Es

---

1 Die höhere Schulbildung kannte dementsprechend auch das berühmt-berüchtigte Aufsatzthema: „Technik: Fluch oder Segen". Dies war die Einübung in einen der beiden ausdifferenzierten Naturdiskurse.

entsteht eine „Umweltkultur", die die gesellschaftlichen Subsysteme übergreifend, eine emergente Form gesellschaftlicher Einheit konstituiert. Umwelt ist eine diskursive Ordnung, in der sich die moderne Gesellschaft wieder als Ganzes sehen kann. Daß diese Kommunikation dann auch Gegenstand sozialwissenschaftlicher Neugierde geworden ist (und zwar der allgemeinen Theorie, nicht nur der Bindestrichsoziologien wie der Techniksoziologie oder der Industriesoziologie oder der Religionssoziologie oder der im engeren Sinne politischen Soziologie), unterstreicht nur den oben gemachten Punkt (Luhmann 1986, Beck 1986).

Nicht mehr die Codierung von Natur als technisch/nichttechnisch, sondern die Codierung von Natur als rein/unrein steuert die Kommunikation über Natur als Außenwelt der Gesellschaft. Diese Umstellung erscheint zunächst als Regression, war doch die technische Codierung der Natur seit der Entstehung der modernen Wissenschaft das, was die Moderne von dem davor trennen und unterscheidbar machen sollte. Doch sie ist nur weitere Evolution des gesellschaftlichen Naturverhältnisses, eine besondere Umcodierung der gesellschaftlichen Kommunikation über Natur. Statt Technik wird „Umwelt" im Sinne einer „ökologischen Umwelt"[2] zum Thema gesellschaftlicher Kommunikation über Natur. Mit dieser Behauptung sollen drei Fragen verbunden und beantwortet werden:

- Was ist das Besondere der Kommunikation über Umwelt?
- Warum ist sie so prominent geworden?
- Was sind die Folgen dieser Kommunikation für die Kommunikation selbst und ihre institutionelle Form?

2. Was ist das Besondere von Umweltkommunikation?

Das Besondere, das, was Kommunikation über Umwelt von traditioneller Kommunikation über Technik unterscheidet und über letztere hinausgeht, ist ihre Einbettung in Öffentlichkeit. Der Mechanismus der Mobilisierung von ökologischer Kommunikation ist die öffentliche Thematisierung von Umweltproblemen. Umweltkommunikation hat nicht nur begonnen, die Sprache zu verändern. Sie beginnt auch, die diskursive Ordnung der modernen Gesellschaft zu verändern. Die beginnende Entdifferenzierung des Diskurses über die Außenwelt stellt die klassische Moderne und ihre diskursive Ordnung in Frage.

Diese Kommunikation war in der klassischen Moderne zunächst Elitendiskurs, und zwar in dreifacher Hinsicht. Sie war zunächst wissenschaftliche

2 Diese Begrifflichkeit ist in sich inkonsistent, was sie aber nicht daran hindert, als Semantik der Umstellung zu fungieren.

Kommunikation, die sich vom Laiendiskurs durch eine eigene Sprache, durch eine eigene Codierung und schließlich institutionell unterschied. Der Diskurs der Ingenieure, der noch am Handwerkerdiskurs anschloß, markiert den Beginn dieser Ausdifferenzierung (Moscovici 1968). Der den Ingenieur hinter sich lassende Wissenschaftler erzeugt ein dem Laien unzugängliches Diskursuniversum. Der Laie kann nur mehr dessen Folgen zur Kenntnis nehmen, die Technik, die aus dieser diskursiven Ordnung resultiert: Er kann davor Angst haben (wie vor den Lokomotiven im 19. Jahrhundert) oder sich ihr unterwerfen, sei es am Arbeitsplatz, sei es in der Privatsphäre des Haushalts.

Diese Kommunikation war auch literarisch-intellektueller Diskurs, der von Eichendorff über Wagner bis zu Ernst Jünger reicht, ein gegen die Technik sich richtender romantischer Diskurs. Technikkritik und Technikfaszination gehen hier eigentümliche Verbindungen ein. Wenn der wissenschaftliche Diskurs die Orthodoxie des Diskurses über Natur bezeichnet, dann bezeichnet der literarisch-intellektuelle Diskurs die Heterodoxie dieses Diskurses. Beide Diskurse sind komplementär, geeint im Hinblick auf eine „doxa", eine diskursive Ordnung, in der die Außenwelt als das „Objektive" in die Gesellschaft eingeführt wird und dort als Fremdes behandelt wird.

Diese Heterodoxie hat dann soziale Folgen, wenn sie ernst genommen wird und einen in sozialen Gruppen/Schichten verankerten „Gegendiskurs" (Terdiman 1985), der die diskursive Ordnung auf den Kopf stellt, zu formulieren in der Lage ist. Diese gegenkulturellen Diskurse existieren seit dem 19. Jahrhundert und haben ihren Ursprung in der entstehenden praktischen Zivilisationskritik. Ihre Träger sind Stadtflüchtlinge, Anhänger von Wandervogel, Alpenverein, Nudistenvereine. Ihr Diskurs hat eine „religiöse" Komponente in dem Sinne, daß der Anspruch der Religion als allumfassende diskursive Ordnung der Gesellschaft wiederbelebt wurde: das Leben im Glauben an eine gute Natur und ein Leben mit der Natur (Barlösius, Sprondel, Eder). Allerdings hat die sozialstrukturelle Position dieses Gegendiskurses zu nicht mehr als zu privatisierten Sonntagsdiskursen gereicht. Das hindert moderne Gegendiskurse allerdings nicht daran, diese Tradition für sich zu reklamieren.

Diese der funktionalen Differenzierung der modernen Gesellschaft folgende Arbeitsteilung zerbricht seit den 60er Jahren dieses Jahrhunderts. Die diskursive Ordnung, in der Natur als Außenwelt fixiert und bestimmt war, verändert sich hin zu dem, was wir heute ökologischen Diskurs nennen, in dem Risikokommunikation, Angstkommunikation, moralische Kommunikation usw. eine eigentümliche Verbindung eingehen und eine Reorganisation der diskursiven Ordnung des Verhältnisses von Gesellschaft und seiner Umwelt, der Außenwelt „Natur" in Gang setzen. Die Beobachtungen sind eindeutig: Die Differenz von Experten und Laien wird unscharf. Der Laie wird zum Gegenexperten, und der Experte zum Laien – ihre funktional spezifischen Rollen werden austauschbar. Die Folgen sind unübersehbar: der Mechanismus wissenschaftlicher Reputation funktioniert nicht mehr selbstverständlich; Moral und Wissenschaft lassen sich nicht mehr problemlos auseinanderhalten. Wissenschaft wird gar davon bestimmt, daß sie die Öffentlichkeit braucht, um interne Probleme zu lösen (Bucchi 1997).

Auch die literarisch-intellektuelle Kultur verliert ihre hochkulturelle Besonderheit. Die kleinbürgerliche Aneignung der Technikkritik durch die neuen Mittelklassen, jenen Träger der Bewegungen seit den 60er Jahren dieses Jahrhunderts (Offe 1985, Eder 1993) und die Verbreitung und Generalisierung dieser Kritik in New-Age- und Öko-Literatur verändern die Position dieser Kritik in der diskursiven Ordnung der modernen Gesellschaft. Die Folgen sind eine evolutionäre Temposteigerung von Kommunikation über Umwelt, die irritierte Zeitgenossen (ähnlich die durch Aufklärung ausgelöste Intensivierung von Kommunikation vor mehr als zwei Jahrhunderten) dazu veranlaßt hat, sich zu fragen, ob das nur mehr Lärm sei. Es ist sicherlich viel Lärm, doch der Lärm hat eine Struktur, und es gilt, die Struktureigenschaften dieses kommunikativen Lärms zu identifizieren und damit der Struktur der in gegenwärtigen Gesellschaften emergierenden diskursiven Ordnung auf die Spur zu kommen.

Drei Besonderheiten kennzeichnen diese Kommunikation über Umwelt:

(1) das Phänomen kontradiktorischer Wahrheiten und Evidenzen;
(2) der Kollektivgutcharakter von Natur und die damit verbundene soziale Funktion von Kommunikation über Natur;
(3) die Wertfunktion der Kommunikation über Natur und die symbolische Aufladung von Umwelt als der gesellschaftlichen Außenwelt.

Diese drei Besonderheiten ökologischer Kommunikation werden sichtbar in einer theoretischen Grundeinstellung, die mit „konstruktivistisch“ umschrieben wird. Dieses Label sagt nichts anderes, als daß Natur nur insoweit gesellschaftlich relevant ist, als über sie in der Gesellschaft kommuniziert wird. In einer etwas älteren Terminologie ist dies das, was man „Vergesellschaftung der Natur“ genannt hat (Eder 1988).

Die erste Besonderheit hat mit der Funktion wissenschaftlicher Beobachtung der gesellschaftlichen Außenwelt zu tun. Diese präsentiert sich als ein Paradox: sie produziert die ökologische Bedrohung erst durch systematische Beobachtung, liefert die „harten Fakten“ der Umweltzerstörung (Reduzierung genetischer Vielfalt, Verschmutzungsindikatoren für Wasser, Luft/Atmosphäre und Boden), ohne die wir gar nicht wüßten, daß wir solche Umweltprobleme haben. Zugleich sind diese harten Fakten strittig. Je mehr die Kommunikation über Umwelt sich auf harte Fakten bezieht, um so strittiger werden sie. So hat Thompson (1984) am Beispiel von Energiebedarfsmodellen gezeigt, wie diese von jeweiligen Vorannahmen des wissenschaftlichen Diskurses bestimmt werden. Auseinandersetzungen um hard und soft science lösen die Eindeutigkeit dieses Diskurses auf.[3]

3 Thompson beschreibt diese Auseinandersetzungen aus der Beobachterperspektive als Stammesauseinandersetzungen: der Häuptling bestimmt, was harte Wissenschaft ist, und

Diese Auseinandersetzungen öffnen den Diskurs den nicht-wissenschaftlichen Diskursen, insbesondere dem Laiendiskurs. Expertenwissen wird so relativiert.[4] Es gibt nichts, was mehr „faktuell" ist als Umweltprobleme, und doch zeigen die Diskurse über Fakten, daß widersprüchliche wissenschaftliche Sicherheiten existieren. Fakten sind strittig. Sie gelten nur in einer „epistemic community". Doch hat die Kommunikation über Umwelt die Grenzen von „epistemic communities" verlassen. Sie bestimmt den öffentlichen Diskurs und trägt damit – wiederum paradoxerweise – zur Verwissenschaftlichung dieses öffentliches Diskurses bei. In der sozialwissenschaftlichen Zweitbeobachtung läßt sich dieses paradoxe Phänomen leicht auflösen.

So benutzt etwa Thompson die Idee von Mary Douglas, daß Gesellschaften eine Reihe von kulturellen Biases kennen, die ihre diskursive Ordnung bestimmen. Was Faktum ist, hängt vom kulturellen Bias ab, der in einer Gruppe oder Gesellschaft dominiert. Wenn diese Biases konkurrieren, dann konkurrieren auch die Faktenbehauptungen (Thompson et al. 1990).

Die zweite Besonderheit ökologischer Kommunikation ist der Kollektivgutcharakter der Natur. Natur, die relevante Außenwelt der Gesellschaft, wird zu einem knappen Gut, das für gegenwärtige und zukünftige Generationen zur Verfügung stehen soll. Daraus ergibt sich das Problem, ein kollektives Handeln sicherzustellen, das diese Güter sichert. Es sind Institutionen nötig, die von allen den Betrag bzw. Verzicht einfordern können, um diese Sicherung des Kollektivguts zu gewährleisten. Die Bedrohung des Kollektivguts „Natur" bzw. „Umwelt" wird durch Risikokommunikation in paradoxer Weise strukturiert. Die Risiken werden einerseits als unversicherbare, als unkontrollierbare beschrieben. Sie werden aber zugleich zum Anlaß dafür, mehr Politik zu fordern, das Politische gar „wiederzuerfinden" (Beck 1993). So wird zugleich das apokalyptische Element wie das Moment der politischen Machbarkeit betont. In traditionellen Gesellschaften konnte diese Kluft mit Hilfe universalistischer Hochreligionen gelöst werden. Der Puritanismus hat dies auf die Spitze getrieben: obwohl man nichts machen kann, muß man weiterarbeiten, und gerade deswegen muß man weitermachen. Die „protestantische" Brücke steht heute nicht mehr zur Verfügung.[5]

---

produziert so Gefolgschaft und Nicht-Gefolgschaft, als segmentäre Differenzierung! Thompson fügt – ironisch – noch die Differenz von hard thinking und soft thinking ein, eine mögliche Codierung einer Beobachtung zweiter Ordnung. Die bleibt allerdings irrelevant für die Erklärung des wissenschaftlichen Diskurses, bietet aber einen Ausgangspunkt zur Erläuterung dessen, was den öffentlichen Diskurs und die ihn begründende diskursive Ordnung bestimmen könnte. Vgl. Thompson 1984.

4 Diese Distanz zum Expertenwissen und die Renaissance von Laienwissen beschreiben jüngste Tendenzen in der Beziehung zwischen Wissenschaft und Öffentlichkeit. Siehe, als ein exzellentes Beispiel den Fall „Windscale" (Wynne 1982, 1988). Ein ähnliches Argument bietet Shrader-Frechette (1991).

5 Eine realistische Brücke entwickelte sich, obwohl sie vielleicht in dieser Form nicht intendiert war: die Puritaner wurden Kapitalisten, und damit reich. Das Paradox löst sich also in ein positives Gut auf.

Zur Verfügung steht nun die Möglichkeit, über Umweltkommunikation in Macht- und Definitionskämpfe in modernen Gesellschaften eingreifen zu können. Es ist kein Zufall gewesen, daß diejenigen, die auf der Sonnenseite des Wohlfahrtsstaates standen, das Umweltthema zu einem politischen Thema machten, eignete es sich doch dazu, die Position der dieses Thema tragenden Gruppen weiter zu verbessern. Daß das auch noch sinnvoll war (wie etwa für Puritaner), ließ sich aus dem Projekt einer sozialen Bewegung gewinnen: Beteiligung und Betroffenheit aller, eine Vorstellung, die dem Projekt der Moderne zugeordnet werden konnte und damit kontrafaktische Legitimität für sich beanspruchen konnte. Natur politisiert die Gesellschaft – auf diese Formel läßt sich die zweite Besonderheit ökologischer Kommunikation bringen.

Die dritte Besonderheit hat damit zu tun, daß Kommunikation über Natur auch eine Kommunikation über eine Lebensform ist. Sie prozessiert eine Definition des guten Lebens. Bereits die Begrifflichkeit legt dies nahe: Verschmutzung (pollution) ist der Gegenbegriff gegen Reinheit. Unreine versus reine Natur thematisieren konträre Lebensformen, die mit gut und schlecht, mit Gefahr oder Sicherheit in Zusammenhang gebracht werden können.[6] John Muir oder Rachel Carson gehören zu jenen diskursiven Helden der Umweltbewegung, die diese semantische Form in die Beschreibung der Natur eingebracht haben und weiteste öffentliche Resonanz gefunden haben. Hier weitet sich Umweltkommunikation zu einer Debatte über Werte aus, die eine Lebensform definieren.

Das Paradox, das sich hier auftut, ist: Je mehr über Natur geredet wird, um so mehr werden die symbolischen Grundlagen der gesellschaftlichen Ordnung thematisiert. Der säkulare Diskurs über Natur führt zu seiner religiösen Wiederverzauberung. Die Gesellschaft tritt über Umwelt in einen Diskurs über sich selbst, in einen identitären Diskurs ein.[7] Die Auflösung des Paradoxes ist Dauerkommunikation, Herstellung eines sozialen Raumes, in dem das Gemeinsame inszeniert, bestritten und bestätigt werden kann.

Das Besondere der Kommunikation über Umwelt läßt sich nun folgendermaßen zusammenfassen. Sie ist (1) Kommunikation über Außenwelt, die den Gegenstand nicht mehr als Natur, sondern als Umwelt redefiniert. Sie ist (2) gesteigerte Kommunikation, die viel öffentlichen Lärm macht. Sie ist (3) strukturierter Lärm, der es erlaubt, drei Paradoxa öffentlicher Kommunikation zu lösen: (a) das Nebeneinander unterschiedlicher wahrer Aussagen über Natur, (b) die Repolitisierung des gesellschaftlichen Naturverhältnisses trotz

---

6 Ein Beispiel sind etwa Eßtabus, die die gute von der schlechten Gesellschaft scheiden und dies mit Hilfe von Unterscheidungen tun, die mit Außenwelt, der Natur der Gesellschaft zu tun haben. Vgl. Eder (1988).

7 Damit hängt zusammen, daß Gemeinschaftsdiskurse Konjunktur haben, die das durch Umweltkommunikation geöffnete „diskursive Fenster" dazu benutzen, alle möglichen Modelle von Vergemeinschaftung in die öffentliche Kommunikation einzuschleusen.

der globalen (apokalyptischen) Bedrohungen und (c) das Auf-Dauer-Stellen von Kommunikation darüber, wie wir leben sollen angesichts der Tatsache, daß wir nicht wissen, wie wir überleben sollen. Ökologische Kommunikation ist also ein Phänomen, das die gewohnten Strukturierungen der diskursiven Ordnung moderner Gesellschaften zumindest gehörig durcheinanderbringt und Restrukturierungen in Gang setzt. Begriffliche Ergebnisse sind am leichtesten zu identifizieren (etwa die Konjunktur des Globalframes „sustainability"). Was die Herstellung von Institutionen kollektiven Handelns anbelangt, so zeichnet sich das Feld ökologischer Politik durch einen erstaunlichen Formenreichtum aus, der insbesondere (in reflexiver Weise) gleich den Diskurs mitinstitutionalisiert, auf dem diese politischen Formen aufsitzen (man spricht dann von diskursiven Institutionen (Eder 1995)). Wieweit die Grammatik von Lebensformen affiziert wird, ist schwieriger auszumachen; doch hinsichtlich der Frage, was Menschen in ihren Sorgen heute miteinander verbindet, bleibt die Umwelt weiterhin ein heißer Kandidat.

3. Warum ist Kommunikation über Umwelt so prominent geworden?

3.1 Ein Erklärungsmodell

Warum ist Kommunikation über Umwelt so prominent geworden? Eine naive Erklärung ist gewesen, die zunehmende Umweltkommunikation dem Publikum anzulasten. Dies ist die Erklärung, der lange Zeit industrielle Akteure angehangen haben und die auch wissenschaftliche Reputation durch Medienwissenschaftler erhalten hat.[8] Die zentrale Kritik hat vor vielen Jahren bereits Bourdieu auf den Punkt gebracht: die öffentliche Meinung gibt es nicht. Meinung des Publikums ist eine durch Umfragen produzierte Meinung, die eine wichtige Rolle in der öffentlichen Kommunikation spielt. Sie spielt diese Rolle allerdings nicht als ein realer Akteur, etwa das durch seine gemeinsamen Meinungen konstituierte Publikum, sondern als ein auf dem Papier konstruierter Akteur. Öffentliche Meinung ist eine soziale Konstruktion. Die Umfrageforschung produziert Wissen, das der Selbstbeobachtung kollektiver Akteure dient. Damit ist diese Form einer kommunikationstheore-

8 Protagonist dieser Diskussion ist Noelle-Neumann gewesen. Bei Kepplinger finden sich weitere deutliche Spuren dieser „Theorie". Schlechte Nachrichten sind eben nur irgendwelchen wildgewordenen und geschickt auf der Medienebene agierenden Protestakteuren zuzuschreiben. Das Publikum ist eigentlich ganz anders, und das wird dann wissenschaftlich bewiesen. Vgl. dazu das fruchtbare Publikationsjahr 1989 (Noelle-Neumann 1989, Kepplinger 1989).

tischen Erklärung nicht haltbar – sie stellt so etwas wie eine Schrumpfform einer kommunikationstheoretischen Erklärung dar, die ja vom Gegenstand, nämlich zunehmender ökologischer Kommunikation, geradezu gefordert wird.

Eine Alternative zu diesem Typus von Theorie sind Erklärungen, die mit makrostrukturellen Entwicklungstendenzen argumentieren. Dabei lassen sich drei Theoriestränge unterscheiden:

(1) Post-Theorien (Postindustrialismus und Postmaterialismus), die meist mit klassentheoretischen Annahmen über die Mittelklassen in Zusammenhang gebracht werden und mit erklärenden Variablen wie Zunahme der Dienstleistungsarbeit, Betonung von Konsumarbeit, Gebrauchswertorientierung und postmaterialistischen Werten arbeiten.[9]
(2) Zyklentheorien, in denen ökonomische Zyklen mit kulturellen Zyklen verknüpft werden, wobei folgende Hypothese verbreitet ist, daß ökonomischer Aufwärtszyklus mit expressiv-progressiven Romantikvarianten und ökonomischer Abwärtszyklus mit reaktionär-populistischen Romantikvarianten in Zusammenhang steht.[10]
(3) Resonanztheorien, in denen kulturelle Traditionen ausgezeichnet werden, die unter der Erfahrung besonders hoher Umweltbelastung (oder Risikoerfahrung) mobilisiert werden, wobei hier insbesondere die hohe Resonanz der deutschen Kultur als Erklärungsproblem den Rahmen angibt (Brand et al. 1997).

Bei diesen Theorien handelt es sich um Zusammenhänge, die schwer zu widerlegen sind. Es handelt sich um black-box-Theorien, wie sie für funktionalistische oder korrelationsstatistische Erklärungen typisch sind. „Erklärt“ wird die Entstehung von Umweltkommunikation nicht; doch fördernde oder hemmende Faktoren werden benannt. Wie diese Faktoren wirken, bleibt im Dunkeln. Daraus ergibt sich ein theoretisches Desiderat: den Mechanismus der Reproduktion von Umweltregimes zu identifizieren, also die black box auszuleuchten.

Dieses Desiderat führt uns wieder zurück zur Frage nach den Kommunikationsprozessen, in denen strukturelle Kontexte Wirkungen auf diskursive Ordnungen produzieren. Die Erklärung muß somit in der Dynamik ökologischer Kommunikation selber gesucht werden. Die Theorie, die im folgenden angesteuert werden soll, ist eine Diskurstheorie ökologischer Kommunikati-

9 Dazu vor allem Inglehart (1990).
10 Zu Zusammenhängen von romantischem Protest und gesellschaftlicher Entwicklung hat vor allem Karl-Werner Brand gearbeitet (Brand 1990). Ansätze zu kulturellen Zyklentheorien finden sich vor allem bei Mohler (1987) und Weber (1987) sowie Namenwirth (1973) und Namenwirth/Weber (1987). Der Klassiker zur Zyklenforschung ist Schumpeter (1939). Forschungen zu Bewegungszyklen sind insbesondere von Tarrow vorangetrieben worden (Tarrow 1989).

on. In Abgrenzung von der Umfrageforschung, die nur das Publikum von Diskursen zum Gegenstand macht, hat eine Diskurstheorie den Anspruch, den Zusammenhang von Publikum, Diskursunternehmern, Diskursarenen und sozio-kulturellem Kontext zu erfassen und aus diesem Zusammenhang Rückschlüsse auf die diskursive Ordnung der Gesellschaft zu ziehen. Das Modell besteht aus folgenden Elementen: (a) dem Publikum und seinen Meinungen; (b) Diskursarenen für kollektive Akteure, politische Akteure mit Motiven der Machtsicherung oder -erringung, für Wirtschaftsakteure mit Motiven der Absatzsicherung/Kapitalverwertung und für Protestakteure mit Motiven der Issue-Mobilisierung und Gefolgschaftssicherung; und (c) einem makrostrukturellen Kontext, der sich als historische Konfiguration von sozialen Strukturen (Klassenstrukturen) und diskursiven Ordnungen herausgebildet hat.

Die Dimension makrostruktureller Kontext liefert den historischen Bezug und die Möglichkeit der zeitlichen Einordnung in gesellschaftliche Entwicklungsprozesse. Das entscheidende Moment des Modells sind die beiden anderen Dimensionen, die diesen makrostrukturellen Kontext zu reproduzieren erlauben: Akteure in Interaktionszusammenhängen. Es geht nicht um einzelne (kollektive) Akteure, etwa eine Theorie sozialer Bewegungen, die immer nur Teiltheorie sein kann.[11] Es geht um Akteure, die sich gegenseitig beobachten und entsprechend ihren Beobachtungen handeln, allerdings in unterschiedlichen Rollen: als Publikum oder als Spieler auf der Bühne (der kleinen oder großen Weltgeschichte). Das Modell ist also letztlich ein dramaturgisches Modell, das mit der Theatermetapher gut gefaßt werden kann. Akteure spielen auf der Bühne; normalerweise schweigt das Publikum, zollt den höflichen Beifall. Bisweilen buht es; selten geht es selber auf die Bühne.

Diese Theatermetapher klärt die Rolle des Publikums: Es sieht fern und hört zu. Das Feld der gegenseitigen Beobachtungen von Akteuren in einem öffentlichen Raum wird also selbst noch einmal vom Publikum beobachtet (und wir beobachten das Publikum, wie es die anderen beobachtet). Das Publikum handelt nicht in einem emphatischen Sinne (es dreht den Fernseher ab, wenn das Beobachten zu langweilig wird); die anderen Akteure müssen handeln, schon um ihre Existenz im Diskurs zu sichern.

Damit entsteht ein Interaktionszusammenhang zwischen handlungsfähigen Akteuren, der über das hinausgeht, was im klassischen Modell einer Interessenkoordination unterstellt wird. Die beteiligten Akteure müssen sicherstellen, daß ihr Image überlebt. Und dazu muß man sich und seine Interessen etc. kommunizieren. Was das Modell auszeichnet, ist also Kommunikation, die im Modell strategischer Interessenkoordination nur sekundärer Natur, bloßes Mittel zum Zweck ist. In diesem Modell wird unterstellt, daß Kommunikation konstitutiv ist für das Zusammenhandeln der Akteure. Damit ist

---

11 Das ist gegen Touraines Utopie einer Bewegungsgesellschaft (Touraine 1978) formuliert.

ein erstes Element der diskursiven Ordnung bestimmt, das als Bedingung für die Verstärkung ökologischer Kommunikation gesehen wird. Ein zweites Element, das in dieser entstehenden diskursiven Ordnung eine Rolle spielt, ist die thematische Strukturierung des Feldes, die semantischen Bedingungen für Definitionsarbeit und Definitionsmacht der in öffentliche Diskurse involvierten Akteure. Die Theorie dafür ist in den letzten Jahren entstanden bzw. in eine Form gebracht worden, die sie soziologisch brauchbar macht: die Theorie des Framing.[12] Framing sichert rhetorische Kraft, Resonanz, Auflösungsvermögen (die Zuordnung von Bedeutung oder Sinn zu Kommunikationen). Ein drittes Element sind schließlich die Anforderungen selber, die das Feld diskursiven Handelns an die Akteure stellt. Akteure antworten darauf mit Kommunikationsstrategien und -kampagnen.

3.2 Ein makrostruktureller Erklärungsversuch

Wie kann man mit diesen Elementen nun das Erklärungsproblem, nämlich warum ökologische Kommunikation so prominent geworden ist, beantworten? Makrostrukturelle Rahmenbedingungen bleiben im vorgeschlagenen Modell Faktoren, die Variationen erklären. Es gibt kulturelle Resonanzen und soziale Lagen, die für ökologische Kommunikation förderlich sind. Doch sie sind nicht der Grund für diese Prominenz, so wenig wie eine fehlende Mittelklasse oder eine starke historische Kontinuität mit entsprechenden Traditionalismen die Durchsetzung ökologischer Kommunikation verhindert.

Die historischen „Wurzeln“ der Moralisierung von Umweltproblemen sind vielfach in kulturhistorischen und kultursoziologischen Arbeiten in den spezifischen Formen des westlichen Naturverständnisses gesucht worden. Eine solche Wurzel sind die gegenkulturellen Traditionen, die in der europäischen Geschichte ein Modell des Umgangs mit der Natur überliefert haben, das der herrschenden instrumentalistischen Auffassung diametral entgegengesetzt ist.[13] In Deutschland spielen hier romantische Traditionen in Verbindung mit unterschiedlichen protestantischen und katholischen Traditionen eine wichtige Rolle. Anstatt nun die in ökologischer Kommunikation entstehenden „Diskurse“ auf diese historischen Wurzeln „zurückzuführen“, geht das Erklärungsmodell davon aus, daß diese historischen Traditionen weitgehend beliebig verfügbar geworden sind und unabhängig vom Ort ihrer Entstehung als symbolische Ressource für die Konstruktion einer diskursiven Ordnung des Verhältnisses von Umwelt und Gesellschaft benutzt werden können. Das bedeutet, ökologische Kommunikation nicht unmittelbar aus ih-

12 Als eine konstruktive Anwendung der Framingtheorie vgl. Gamson (1992). Einen Überblick bieten auch Brand et al. (1997).

13 Vgl. dazu, als ein Beispiel, die von mir vorgeschlagene Unterscheidung von carnivorer und vegetarischer Kultur, die ihrerseits metaphorisch ist. Siehe Eder (1988, 1990a).

rer Einbettung in kulturelle Traditionen, sondern aus der spezifischen diskursiven Ordnung zu erklären, die im Prozeß ökologischer Kommunikation entsteht. Kulturelle Traditionen sind dann nicht mehr Ursachen, sondern Mittel der Herstellung und Legitimierung einer diskursiven Ordnung. Wieweit diese Verfügbarkeit von Traditionen geht, kann analytisch offenbleiben.

Anregungen für die soziologische Erklärung der Varianz von kulturellen Rahmenbedingungen ökologischer Kommunikation finden sich in den von Mary Douglas inspirierten Arbeiten zur Risikokultur (Douglas/Wildavsky 1982, Rayner 1984, Thompson et al. 1990). Die diesen Arbeiten zugrundeliegende „kulturelle Theorie" gründet auf der berühmten „grid-group"-Theorie von Mary Douglas. Sie besagt, daß Gesellschaften einen spezifischen „kulturellen Bias" aufweisen, der durch den Grad des „grid of a group" und der Schärfe der „group boundaries" determiniert ist. Entscheidend ist die Idee, daß es nur eine begrenzte Anzahl (eine Kombination dieser zwei Dimensionen ergibt vier Idealtypen) von solchen kulturellen Biases gibt. Douglas/Wildavsky unterscheiden zwischen einem egalitaristischen[14], einem hierarchischen, einem liberalen und einem fatalistischen kulturellen Bias. Die analytische Kraft dieser Typologie läßt sich in der Anwendung auf Differenzen zwischen nationalen Formen ökologischer Kommunikation zeigen. So lassen sich – so eine Hypothese, die weiter plausibilisiert werden müßte[15] – dem individualistischen Bias die angelsächsische, dem hierarchischen die französische, dem egalitaristischen die deutsche und dem fatalistischen die italienische Form ökologischer Kommunikation zuordnen. Es ist zu erwarten, daß dort, wo Egalitarismus und Hierarchie hoch sind, das Umweltbewußtsein ebenfalls hoch ist, und zwar deswegen, weil der „grid" der Gesellschaft hoch ist. Dort, wo Fatalismus oder Individualismus herrscht, ist Umweltbewußtsein vermutlich eher niedrig, und zwar wegen des Fehlens von „grid".[16] Wie auch immer solche Hypothesen theoretisch weiter differenziert und empirisch (nicht nur an nationalen Differenzen, sondern auch an subkulturellen Differenzen innerhalb von Gesellschaften) belegt werden können[17], so bleibt den-

---

14 Egalitaristisch ist nicht egalitär. Ersteres kennzeichnet eine Gesellschaft, die mit diesen Begriffen sich selbst thematisiert, ohne jedoch egalitär sein zu müssen. Egalitarismus wäre etwa die Ideologie der Volksgemeinschaft, der Betroffenengemeinschaft etc.

15 Eine Lektüre von relevanten Arbeiten zum Thema Umweltrisiken kann dies belegen. „Relevant" heißt hier entweder offiziell gefördert und verbreitet und öffentlich rezipiert. Empirische Indikatoren sind entweder Auflagenstärken (relativ zu anderen wissenschaftlichen Büchern), Status des Verlags und Stärke des Zitationsindex. Schlüsseltexte sind - Theys (1987), Beck (1986) sowie Perrow (1984).

16 Es ist auch zu vermuten, daß dort, wo Hierarchismus dominiert, der Diskurs über Natur eher Technikdiskurs ist, während er in fatalistischen Gesellschaften eher philosophischer Diskurs ist. Daran zeigt sich, daß Technikdiskurse eine kulturell hochspezifische Veranstaltung sind, die sich selbst in der diskursiven Ordnung der klassischen Moderne nur partiell hat durchsetzen können. Dennoch bleibt der Technikdiskurs ein Schlüssel zur diskursiven Ordnung der klassischen Moderne.

17 Dazu sind Arbeiten im Gang. Vgl. als einen ersten Zugriff Eder (1993).

noch das Phänomen übrig, daß in den Differenzen sich ein Diskurs herausbildet, der eine gemeinsame Thematisierungsform der Natur bestimmt: Natur als Umwelt.

Diese Überlegungen liefern uns theoretisch begründete Anhaltspunkte für eine Erklärung der Varianz, der „Biases" des Redens über Umwelt, nicht über ihre Einheit. Im folgenden wird die Einheit des Redens thematisch werden, und das im Rückgriff auf die diskursive Ordnung des Redens über Natur selbst. Die Ausgangsbeobachtung ist ebenfalls eine soziologische: die Ausdehnung des diskursiven Feldes, die auch die unterschiedlichen kulturellen Biases in ihre Dynamik einbezieht.

3.3 Die Ausdehnung des diskursiven Feldes

Die Ausdehnung des diskursiven Feldes, in dem Kommunikation über Umwelt stattfindet, ist zunächst und vor allem sozialen Bewegungen zuzuschreiben. Sie sind ein kollektiver Akteur, dessen Funktion die Thematisierung dessen ist, was durch institutionelle Differenzierung zugedeckt worden ist. Was soziale Bewegungen tun, ist die Umwelt zu skandalisieren und dabei die Natur zu moralisieren. Die besondere Form der Moralisierung, die für ökologische Kommunikation charakteristisch ist, liefert uns noch keinen Hinweis auf die unterschiedliche Art und Weise, wie sie in Gang gesetzt wird, wie sie abläuft, wie sie in diesem Prozeß kulturelle Traditionen transformiert und wie sie spezifische Umweltkulturen aufbaut. Um das Erklärungsmodell der Entstehung unterschiedlicher Umweltkulturen zu erweitern, müssen (a) die Träger ökologischer Kommunikation (Wirtschaftsakteure, politische Akteure und Protestakteure) und (b) die Interaktionsprozesse und Interaktionseffekte dieser kollektiven Akteure als Variablen in dieses Erklärungsmodell eingebaut werden. Eine besondere Bedeutung in der Umweltdiskussion hat der kollektive Akteur „ökologische Bewegung" gespielt. Er ist der Schlüssel zur Erklärung der Ausdehnung ökologischer Kommunikation über die unterschiedlichen kulturellen Gruppen/Gemeinschaften und über die funktional spezifischen Subsysteme hinweg. Dabei setzt sich ein besonderes einheitsstiftendes Moment durch: die Moralisierung ökologischer Kommunikation.

Umweltprotest und ökologische Bewegung sind bislang (zumindest in der europäischen Tradition) eher als Träger eines Projekts „neuer Politik" denn als Element eines sie übergreifenden Kommunikationszusammenhangs gesehen worden. Die damit verbundene Sonderstellung sozialer Bewegungen (am deutlichsten Touraine 1978) im Produktions- und Reproduktionsprozeß moderner Gesellschaften wird im vorgeschlagenen Erklärungsmodell weitgehend zurückgenommen. Auch soziale Bewegungen sind nur ein Teil in einem Kommunikationszusammenhang; soziale Bewegungen „machen" nicht Gesellschaft. Soziale Bewegungen sind deshalb weniger historische Akteure denn ein neuer Typus kollektiver Akteure, der das Feld öffentlicher Kommunikation verändert hat. Ökologische Bewegungen werden im besonderen definiert als kollektive Akteure, die sich im Prozeß der für ökologische Kommunikation spezifischen Moralisierung von Umweltissues konstituieren.[18] Ökologischer Protest beruht nicht mehr auf moralischer Empörung, die die ungleiche Verteilung von Gütern (ökonomischem wie kulturellem Kapital) zum Gegenstand hat. Er richtet sich gegen den Angriff auf die lebensweltlichen Grundlagen individueller wie kollektiver Existenz. Die Verteidigung lebensweltlicher Grundlagen individueller wie sozialer Existenz ist die konstitutive Bedingung ökologischer Bewegungen.[19]

Organisierte Protestakteure sind ihrerseits in ein Kommunikationsnetz eingebunden, das sie mit anderen kollektiven Akteuren verbindet. Experten und intellektuelle Eliten beeinflussen nicht nur den Protestdiskurs, sondern auch den Diskurs ihrer Gegner. Wirtschaft und politische Verwaltung haben ebenso begonnen, sich an ökologischer Kommunikation zu beteiligen. In einigen Ländern ist ökologisch motivierte public relations von Firmen ein zunehmend wichtiger werdender Faktor im Prozeß ökologischer Kommunikation geworden. Was die politische Verwaltung anbelangt, so ist zwar die klassische Informations- und Öffentlichkeitsarbeit politischer Institutionen wertlos. An deren Stelle treten neue Formen politischer Kommunikation, nämlich Mediationsverfahren, in denen die politische Verwaltung ökologische Probleme kommuniziert.[20] Es ist also nicht mehr möglich, allein im Blick auf Protestakteure die Dynamik ökologischer Kommunikation zu fassen. Wir haben es heute mit einem zunehmend komplexer werdenden System interagierender kollektiver Akteure zu tun, deren Kommunikationskampagnen ein Feld öffentlicher Kommunikation über Umwelt konstituieren (Brand et al. 1997).

In diesem Feld treten Akteure auf, die sich aus ihren Teilsystemen bzw. aus ihren Subkulturen in den ungeschützten Raum des öffentlichen Diskurses begeben. Dieses Hervortreten erzeugt ein Interaktionssystem auf der Ebene öffentlicher Diskurse, das nicht nur die Dynamik öffentlicher Diskurse weitertreibt (das Thema des folgenden Abschnitts), sondern auch die diskursive Ordnung der modernen Gesellschaft verändert.

---

18 Die Literatur dazu ist im Anwachsen begriffen. Vgl. im besonderen Brand (1993) und Brand et al. (1997).

19 Dazu Eder (1996). Das Argument einer auf Kollektivgüter gerichteten Form kollektiven Handelns kann sich auf die von Olson begründete Tradition einer Theorie kollektiven Handelns stützen.

20 Dieses Argument kann noch ausgeweitet werden, wenn man Politikdialoge, Enquete-Kommissionen u.ä. ins Blickfeld rückt. Sie wurden als Elemente einer Modernisierung der Demokratie gelesen (Zilleßen et al. 1993). Das ist bereits eine normative Zuschreibung. Hier geht es zunächst um die soziologische Situierung der strukturellen Veränderungen.

3.4 Medienkommunikation als Mechanismus moralischer Mobilisierung

Die Interaktion von Protestdiskurs und Expertendiskurs mit anderen Elitediskursen und Expertendiskursen ist ein erster Mechanismus, der zur Erklärung der Dynamik ökologischer Kommunikation herangezogen werden kann. Darüber hinaus wird die öffentliche Wirksamkeit ökologischer Kommunikation von Grad und Form ihrer medialen Repräsentation bestimmt. Mediale Kommunikation ist ein Mechanismus der „Veröffentlichung“ von Protestdiskursen und Gegendiskursen. Zwischen Medien und sozialen Bewegungen bilden sich im Prozeß ökologischer Kommunikation gegenseitige Abhängigkeiten heraus. Medien bedürfen der Protestereignisse, um „Neues“ zu bieten; soziale Bewegungen bedürfen der Medien, um öffentliche Aufmerksamkeit zu erregen. Aus dieser oft beschriebenen[21] gegenseitigen Abhängigkeit ergibt sich die Bedeutung der Medien für die Dynamik ökologischer Kommunikation.

Der Mediendiskurs wird als ein öffentlicher Prozeß verstanden, in dem es gleichermaßen um kognitive Gehalte wie um normativ strittige Probleme geht. Kognitive Aspekte werden dabei gesehen als Mittel für die Kommunikation von moralischen Bewertungsschemata. Soweit empirische Fragen angeschnitten werden, dienen sie dazu, ein moralisches Argument stark zu machen. Zahlen sind selbst ein Fetisch, der suggeriert, daß es keine moralisch zu begründenden Entscheidungen mehr zu treffen gäbe. Medienkommunikation ist ein Mechanismus der Moralisierung von Umweltissues gerade auch dann, wenn so gehandelt wird, als ob es nur um Fakten ginge. Die traditionelle kritische Medienforschung hat die Moralisierung von Issues nur als bloßes Täuschungs- und Illusionierungsmanöver bestimmter Gruppen (der Journalisten oder der hinter ihnen stehenden politisch-ökonomischen Eliten) gesehen. Gegen diese Vorstellung ist einzuwenden, daß dieser Prozeß der Moralisierung von Issues nicht nur „normal“, sondern sogar konstitutiv für Medienkommunikation ist (Gusfield 1981). Medienkommunikation ist nichts anderes als Transformation von Fakten in strittige Probleme. Wie diese strittigen Problem in moralische „frames“ gegossen werden, hängt von moralischen Perspektiven ab, die nicht per se als Lug und Trug abgetan werden können. Sie sind „notwendige Illusionen“ (Chomsky 1989).

Die Analyse von Medienkommunikation liefert unterschiedliche und konkurrierende Deutungen. Gamson/Modigliani (1989) sprechen hier von „packages“, die die Wahrnehmung und Bewertung von Umweltissues bestimmen. Gegen das Bild eines hegemonialen Mediendiskurses ist einzuwenden, daß es nicht nur dominierende „packages“, sondern auch minoritäre „packages“ gibt. Offen ist, in welchem Maße es weniger der mediale *Kon-*

21 Der Klassiker ist Gitlin (1980). Neuere Literatur dazu findet sich in der Literatur zur „resource mobilization“ (Zald 1987).

sens als der mediale *Dissens* ist, der die Dynamik des Wandels von „packages" zu erfassen erlaubt. Diese Perspektive drängt sich heute geradezu auf, weil der Nuklearkonsens, der mögliche Konflikte unter dem Label des Fortschrittsbegriffs latent gehalten hat (Eder 1990b), inzwischen zerbrochen ist, ohne einen neuen an dessen Stelle zu setzen. Mit dem Zerbrechen dieses Konsens im Gefolge der Thematisierung von Umweltgefährdungen ist Dissens normal geworden. Es liegt also nahe, eine eher „polemologische" Perspektive einzunehmen und die Interaktion konkurrierender moralischer Deutungen der Umweltfrage in der medialen Konstruktion von Umweltissues zu rekonstruieren.

Alle diese Argumente weisen nur darauf hin, daß ökologische Kommunikation nicht nur Lärm ist, sondern daß ökologische Kommunikation ein Mechanismus ist, mit dem das gesellschaftliche Naturverhältnis umkodiert wird, vom Code technische/nichttechnische Natur auf den Code saubere/verschmutzte Umwelt.[22] Um diesen Mechanismus zu fassen, wurden die relevanten Akteure benannt, ihre spezifischen Interdependenzen gekennzeichnet und es wurde der Raum identifiziert, in dem diese Akteure interagieren, nämlich Öffentlichkeit. Dieser öffentliche Raum ist nicht mehr subsystemspezifisch differenziert; er bleibt auch nicht mehr in Subkulturen abgespalten. Dieser öffentliche Raum zwingt zur Koordination kultureller Biases und funktionaler Perspektiven, zur Popularisierung der Wissenschaft, zu politischem Populismus, zu public relations, in einem Wort: zu einer Kommunikation, deren diskursive Ordnung sich im Zuge der Realisierung solcher öffentlicher Räume ökologischer Kommunikation neu einreguliert.[23]

Damit sind Elemente eines Modells ausgezeichnet, das in der Lage ist, die Entstehung einer diskursiven Ordnung zu erklären, in der das über „Umwelt" definierte gesellschaftliche Naturverhältnis neu codiert wird. Wir haben damit einen Zugang zur Erklärung der Dynamik ökologischer Kommunikation. Dies gehört zum klassischen Bestand soziologischer Erklärungen: die Träger der Kommunikation von Umweltthemen zu benennen und deren Einfluß in einem gegebenen räumlich-zeitlich definierten Kontext abzuschätzen

---

22 Diese Codierung läuft auch über Gegensätze wie ökologische versus nicht-ökologische Umwelt oder biologische versus nicht-biologische Umwelt, was schiefe, dennoch für die Umweltkommunikation zentrale, Begrifflichkeiten sind.

23 Diese Vorstellung öffentlicher Räume kann an die klassische Vorstellung politischer Öffentlichkeit anschließen (Habermas 1962, 1992a, b). Deren diskursive Ordnung beruhte noch auf einer emphatischen, durch nicht-intendierte Folgenüberlegungen kaum getrübte Vorstellung einer aufklärerischen Form von Diskursen. Dieser aufklärerische Optimismus ist in der gegenwärtigen Moderne gebrochen. Das haben schon Horkheimer und Adorno beklagt. In der von Beck (Beck/Giddens/Lash 1994) so genannten „reflexiven Moderne" werden diese Folgen reflexiv eingeholt und als Restriktion in die diskursive Ordnung eingebaut. Die Umweltproblematik tut dann ein zweites: nämlich diese diskursive Ordnung an der für die Gesellschaft als System (und nicht nur für eines seiner Teilsysteme) relevanten Umwelt zu orientieren. Natur als Außenwelt der Gesellschaft zwingt, wenn sie thematisiert wird, zu einer auf Gesamtgesellschaft bezogenen diskursiven Ordnung.

und zu erklären. Nun gilt es, die Folgen der ökologischen Kommunikation über Natur für die Strukturierung dieser Kommunikationszusammenhänge zu benennen.

4. Die Folgen der Kommunikation über Umwelt

4.1 Die Entstehung eines Identitätsmarkts

Was sind die Effekte dieses gegenseitigen Beobachtens? Die theoretische Hypothese ist: Es entsteht eine diskursive Ordnung, die auf die Kommunikationsprozesse selber wieder zurückwirkt. Die weitergehende These wäre dann: diese Rückwirkung ermöglicht die Institutionalisierung von Kommunikation steuernden Netzwerken, also das Auf-Dauer-Stellen von Interaktionsregeln zwischen Akteuren. Diese Institutionalisierungsprozesse stellen Kommunikation auf Dauer und sichern so die soziale Reproduktion der diskursiven Ordnung, von der diese Kommunikation ausgegangen ist.

Der erste Effekt, der sich im Prozeß ökologischer Kommunikation und der Stabilisierung ökologischer Diskurse ausmachen läßt, ist die organisationelle Verfestigung von Umweltbewegungen als organisierten Umweltakteuren. 20 Jahre „Neue Soziale Bewegungen" haben die Ausbildung von Bewegungsorganisationen zur Folge gehabt. Die organisatorische Durchdringung des von der Umweltthematik bestimmten diskursiven Feldes, die insbesondere die Bewegungen betrifft, aber auch Rückwirkungen auf politische Institutionen (Ausbau von institutionellen Prozeduren zur Abarbeitung von Umweltproblemen) und ökonomische Institutionen hat (das strukturell nicht folgenlose „Ergrünen" der Wirtschaft) reicht allerdings über diese organisatorische Transformation hinaus. Das Verhältnis von Bewegungsorganisationen zu oppositionellen Akteuren verändert sich in Richtung Kooperation. Das läßt sich an Umbauten des Umweltdiskurses ablesen: statt Protest Lösungsvorschläge, statt dem Gegensatz Ökologie/Ökonomie Umweltmanagement, statt additivem integrierter Umweltschutz, statt Öko-Askese Öko-Fun. Es bilden sich interorganisationelle Strukturen aus, die unter dem Dach einer vom Umweltdiskurs bestimmten diskursiven Ordnung die Institutionalisierung sozialer Kooperation und die Koordination von Konflikten ermöglichen.

Die Umwelt bietet damit ein diskursives Feld, in dem sich gesellschaftlich relevante Akteure präsentieren können, über Imagekommunikation in Konkurrenz miteinander treten und damit soziale Beziehungsnetze aufbauen. Dieser Modus der Verknüpfung von Handlungen konkurrierender Akteure ist nicht herrschaftsbezogen, sondern (und das macht seine Modernität aus) in einem eigentümlichen Sinne marktbezogen. In diesem Markt geht es allerdings nicht mehr um die Schrumpfform sozialer Beziehungen, zu der die moderne Gesellschaft zunächst nur fähig war: geldvermittelte und warenvermittelte Beziehungen als genuin moderne Beziehungsstrukturen zu institutionalisieren. In diesem Markt geht es um Bilder, um das Bild, das die Beobachtung des anderen so beeinflussen soll, daß Interessen verteidigt bzw. durchgesetzt werden können. Es entsteht ein „Identitätsmarkt", in dem unterschiedliche und konkurrierende Lebenswelten miteinander koordiniert werden können.

Dieser Identitätsmarkt ermöglicht (a) die unmittelbare Koordination der Akteure durch Öko-Sponsoring, Öko-Consulting und Öko-Mediation und (b) die mittelbare Koordination der Akteure durch Kampagnen der Beeinflussung des anderen (ökologische Kommunikationskampagnen). Drei Strategien der Abgrenzung bieten sich dabei an: (1) das Setzen von Expertise gegen Moral, (2) das Ausspielen von politischen Sachzwängen gegen Moral und (3) die Metaphorisierung, das symbolische Aufladen von Interessen.

Öffentlichkeit als die moderne Form der Koordination freier und gleicher Akteure wird so zum virtuellen Zentrum der modernen Gesellschaft: die Koordination der Akteure durch Diskurse und die Reproduktion einer diskursiven Ordnung durch Diskurse stellt einen Schritt der Radikalisierung der Moderne dar, der nach der Entstehung von Ökonomie und Demokratie nun den Diskurs selbst zum genuin modernen Mechanismus und Medium der Selbststeuerung der modernen Gesellschaft macht.

4.2 Postkorporatismus

Jenseits von Markt (im ökonomischen Sinne) und Staat, jenseits von geldvermittelten Interessen- und Herrschaftszusammenhängen entsteht so ein Kommunikationszusammenhang, der eine funktional differenzierte Gesellschaft als Einheit konstituiert. Weder Markt noch Staat, sondern die „Assoziation" – wir sagen heute dazu: Netzwerk – von Akteuren bindet die Gesellschaft zusammen. Diese emergente Form eines Gesellschaftssystems, das die gesellschaftlichen Teilsysteme koordiniert, ist mit dem Begriff des Postkorporatismus zunächst nur negativ zu beschreiben: es ist eine Gesellschaft, die die korporatistische Koordination von Ökonomie, Politik und Arbeitsgesellschaft radikalisiert und hinter sich läßt. Postkorporatismus ist ein Begriff dafür, daß diskursive Kämpfe selbst die Einheit der Gesellschaft herstellen. Damit sie diese Funktion erfüllen, brauchen sie einen gemeinsamen Umweltbezug. Das ist die Funktion des ökologischen Diskurses, der eine gemeinsame Umwelt konstituiert, nämlich die Außenwelt der „Natur".

Die gegenseitige Beobachtung der Akteure und ihre Zweitbeobachtung durch das Publikum erzeugen eine von Herrschaftsideologien und ökonomischen Marktillusionen entkoppelte diskursive Ordnung, in der politische Formen des Handelns und Entscheidens neu institutionalisiert werden. Ökologische Kommunikation erzeugt eine neue Form der Pazifizierung und semantischen Kontrolle konkurrierender sozialer Akteure.

4.3 Diskurs als Steuermedium komplexer Gesellschaften

Institutionalisierungsprozesse tragen zur Entscheidungskapazität und damit zu weiterer gesellschaftlicher Komplexitätssteigerung bei. Dies ist allerdings nicht der zentrale Punkt. Entscheidend ist, daß die diskursive Ordnung des Umweltdiskurses selbst zur Legitimation und Stabilisierung dieses Interaktionsfeldes herangezogen wird. Wir haben es damit mit einem grundlegenden Wandel gesellschaftlicher Verhältnisse zu tun: Nicht nur die diskursive Ordnung wird umgebaut, sondern auch deren soziale Basis, die diese diskursive Ordnung wiederum zur symbolischen Stabilisierung ihrer selbst benutzt.

Das führt zu einer Radikalisierung der Moderne. Die Außenwelt der Gesellschaft wird zur Innenwelt und provoziert Dauerkommunikation über die Außenwelt. Das technische Bild der Natur, das die moderne Gesellschaft sich von ihrer Außenwelt gemacht hat, wird damit an einer entscheidenden Stelle gebrochen. Die Natur ist nicht mehr die Lokomotive, die die Gesellschaft selbst in Gang gesetzt hat und von der sie nun gezogen wird. Die Produktivkraftentfaltung, jene optimistische Deutung des modernen gesellschaftlichen Naturverhältnisses, die dem Technikdiskurs seine Durchsetzungskraft verliehen hat, wird als Projekt entwertet. Kommunikation über Natur bleibt zentral, aber ihr Code ist nicht mehr Technik, sondern Überleben in einer von der Gesellschaft gefährdeten Umwelt. Damit kehrt die Technik als diskursive Ordnungsmetapher wieder dorthin zurück, woher sie gekommen war: in die Religion. Natur wird zur Frage des Lebens im Überleben. Und das ist das alte Thema der Religion.

5. Kommunikation über Natur: Von der Technik zur Umwelt

Warum Diskurs? Weil die Steuerung komplexer Systeme über Markt und Herrschaft nicht mehr ausreicht. Diskursive Designs sind Lösungen von Komplexitätsproblemen. Diskurse erlauben das zeitliche Auseinanderziehen von Entscheidungen durch Reden. Sie erlauben die sachliche Bestimmung dessen, was zu tun ist, dadurch, daß alle Betroffenen in den Diskurs hineingezogen werden und damit haftbar gemacht werden (das ist die Idee kollektiver Verantwortungszuschreibung durch diskursive Verfahren) und sie erlauben schließlich soziale Integration durch Einbindung in diskursive Netzwerke.

Solche diskursiven Designs sind das Ergebnis der Kommunikation über Natur. Daß Natur diese Funktion erfüllt, ist nicht überraschend. Bereits Marx hatte ja die Entwicklung der Produktivkräfte zum Motor der Geschichte gemacht. Und traditionelle Gesellschaften haben die Natur zur Übernatur verklärt und sie zum Lenker der Gesellschaft gemacht. Die Moderne hat – mit Marx – die Natur nur versachlicht, sie dadurch gesellschaftsrelevant gemacht, daß sie als Technik in der Gesellschaft erscheint und als solche kommuniziert wird. Das ist das „produktivistische" Projekt der Moderne, die im gegenwärtigen ökologischen Diskurs so beklagte Fehlsteuerung der modernen Gesellschaft. Gerade daran kann man ablesen, wie zentral die Transformation von Natur in Technik für die moderne Gesellschaft gewesen ist, und daraus folgern, daß diese Transformation eine der konstitutiven Operationen der diskursiven Ordnung der Moderne gewesen ist.

Die Moralisierung der Technik und die damit verbundene Transformation der Technikkritik, die Mobilisierung apokalyptischer Risikovorstellungen und die damit verbundene Einsicht in die Notwendigkeit und Möglichkeit des Umgangs mit Unkalkulierbarem, all dies sind Elemente einer diskursiven Ordnung der Moderne, die dem Technikdiskurs den Boden entzieht und ihn als Ökodiskurs reformuliert. Risikomanagement unter gegenseitiger Beobachtung (wie dies etwa in der Entwicklung der Gentechnologie geschieht), Einführung von Techniken im Kontext partizipatorischer Strukturen, Diskussion von technikrelevanten Theorien über den „Umweg" über die Öffentlichkeit, das alles sind Anzeichen einer diskursiven Ordnung, die die klassische Moderne hinter sich läßt und die symbolischen Referenzen für eine weitere institutionelle Evolution liefert: für Institutionen kollektiven Handelns, die sich nicht am Maßstab „technischer" Rationalität, sondern am Maßstab einer „diskursiven" Rationalität bemessen lassen müssen. Ob das zu einer „besseren" Moderne führt, mag dahingestellt bleiben. Es führt zumindest zu einer „reflexiveren" Moderne.

Literatur

Beck, U. (1986), Risikogesellschaft. Auf dem Weg in eine andere Moderne, Frankfurt a.M.: Suhrkamp

Beck, U. (1993), Die Erfindung des Politischen, Frankfurt a.M.: Suhrkamp

Beck, U./Giddens, A./Lash, S. (1994), Reflexive Modernization. Politics, Tradition and Aesthetics in the Modern Social Order, Oxford: Polity

Brand, K.-W. (1990), Zyklische Aspekte neuer sozialer Bewegungen. Kulturelle Krisenphasen und Mobilisierungswellen des „Middle Class Radicalism", in: Bonschier, V., et al. (Hg.), Diskontinuität des sozialen Wandels. Entwicklung als Abfolge von Gesellschaftsmodellen und kulturellen Deutungsmustern, S. 139 – 164, Frankfurt a.M.: Campus

Brand, K.-W. (1993), Strukturveränderungen des Umweltdiskurses in Deutschland, in: Forschungsjournal Neue Soziale Bewegungen, 6, S. 16-24

Brand, K.-W./Eder, K./Poferl, A., (1997), Ökologische Kommunikation in Deutschland, Opladen: Westdeutscher Verlag

Bucchi, M. (1997), When Science Goes Public, unpublished dissertation, European University Institute

Chomsky, N. (1989), Necessary Illusions. Thought Control in Democratic Societies, London: Pluto Press

Douglas, M./Wildavsky, A. (1982), Risk and Culture: An Essay on the Selection of Technical and Environmental Dangers, Berkeley, CA: University of California Press

Eder, K. (1988), Die Vergesellschaftung der Natur. Studien zur sozialen Evolution der praktischen Vernunft, Frankfurt a.M.: Suhrkamp

Eder, K. (1990a), Counterculture movements against modernity. Nature as a new field of class struggle, in: Theory, Culture and Society, 7, pp. 21-47

Eder, K. (1990b), The cultural code of modernity and the problem of nature: a critique of the naturalistic notion of progress, in: Alexander, J./Sztompka, P. (Eds.), Rethinking Progress: Movements, Forces and Ideas at the End of the Twentieth Century, pp. 67-87, London/New York: Unwin Hyman

Eder, K. (1993), The New Politics of Class. Social Movements and Cultural Dynamics in Advanced Societies, London: Sage

Eder, K. (1995), Die Dynamik demokratischer Institutionenbildung. Strukturelle Voraussetzungen deliberativer Demokratie in fortgeschrittenen Industriegesellschaften, in: Nedelmann, B. (Hg.), Kölner Zeitschrift für Soziologie und Sozialpsychologie, Sonderheft „Politische Institutionen", Opladen: Westdeutscher Verlag

Eder, K. (1996), The Social Construction of Nature. A Sociology of Ecological Enlightenment, London: Sage

Gamson, W. A. (1992), Talking Politics, Cambridge: Cambridge University Press

Gamson, W. A./Modigliani, A. (1989), Media discourse and public opinion on nuclear power: a constructionist approach, in: American Journal of Sociology, 95, pp. 1-38

Gitlin, T. (1980), The Whole World is Watching: Mass Media in the Making and Unmaking of the New Left, Berkeley, CA: University of California Press

Gusfield, J. R. (1981), The Culture of Public Problems: Drinking-Driving and the Symbolic Order, Chicago, IL: University of Chicago Press

Habermas, J. (1962), Strukturwandel der Öffentlichkeit. Untersuchungen zu einer Kategorie der bürgerlichen Gesellschaft, Neuwied: Luchterhand

Habermas, J. (1992a), Faktizität und Geltung. Beiträge zur Diskurstheorie des Rechts und des demokratischen Rechtsstaats, Frankfurt a.M.: Suhrkamp

Habermas, J. (1992b), Further reflections on the public sphere, in: Calhoun, C. (Ed.), Habermas and the Public Sphere, pp. 421-461, Cambridge, MA: MIT Press

Inglehart, R. (1990), Culture Shift in Advanced Industrial Societies, Princeton, NJ: Princeton University Press

Kepplinger, H.M. (1989), Künstliche Horizonte. Folgen, Darstellung und Akzeptanz von Technik in der Bundesrepublik, Frankfurt a.M.: Campus

Luhmann, N., 1986, Ökologische Kommunikation. Kann die moderne Gesellschaft sich auf ökologische Gefährdungen einstellen? Opladen: Westdeutscher Verlag

Mohler, P.P. (1987), Cycles of value change, in: European Journal of Political Research, 15, pp. 155-165

Moscovici, S. (1968), L'histoire humaine de la nature, Paris: Flammarion
Namenwirth, J.Z. (1973), Wheels of time and the interdependence of value change in America, in: The Journal of Interdisciplinary History, 3, pp. 649-683
Namenwirth, J.Z./Weber, R.P., 1987, Dynamics of Culture, Boston, MA: Allen & Unwin
Noelle-Neumann, E. (1989), Öffentliche Meinung. Die Entdeckung der Schweigespirale, Frankfurt: Ullstein
Offe, C., 1985, New social movements: challenging the boundaries of institutional politics, Social Research, 52, pp. 817-868
Perrow, C. (1984), Normal Accidents, New York, NY: Basic Books
Rayner, S. (1984), Disagreeing about risk: the institutional cultures of risk management and planning for future generations, in: Hadden, S. G. (Ed.), Risk Analysis, Institutions, and Public Policy, pp. 150-169, Port Washington, NY: Associated Faculty Press
Schumpeter, J. (1939), Business Cycles: A Theoretical, Historical and Statistical Analysis of the Capitalist Process, 2 Volumes, New York: McGraw-Hill
Shrader-Frechette, K. S. (1991), Risk and Rationality. Philosophical Foundations for Populist Reforms, Berkeley, CA: University of California Press
Tarrow, S. (1989), Democracy and Disorder. Protest and Politics in Italy 1965-1975, Oxford: Clarendon Press
Terdiman, R. (1985), Discourse/Counter-Discourse. The Theory and Practice of Symbolic Resistance in Nineteenth-Century France, Ithaca, NY: Cornell University Press
Theys, J. (1987), La société vulnérable, in: Fabiani, J. L./Theys, J. (Eds.), La société vulnérable. Evaluer et maïtriser les risques, pp. 3-36, Paris: Presses de l'Ecole Normale Supérieure
Thompson, M. (1984), Among the energy tribes: a cultural framework for the analysis and design of energy policy, in: Policy Sciences, 17, pp. 321-339
Thompson, M./Ellis, R./Wildavsky, A. (1990), Cultural Theory, or, Why All That is Permanent is Bias, Boulder, CO: Westview Press
Touraine, A. (1978), La voix et le regard, Paris: Seuil
Weber, R.P. (1987), Cycles of the third kind, in: European Journal of Political Research, 15, pp. 145-153
Wynne, B. (1982), Rationality and Ritual: The Windscale Inquiry and Nuclear Decisions in Britain, Chalfont St. Giles, Bucks: The British Society for the History of Science
Wynne, B. (1988), Risk Management and Hazardous Waste: Implementation and the Dialectics of Credibility, London: Springer
Zald, M.N. (1987), The future of social movements. In M. N. Zald & J. D. McCarthy (Eds.), Social Movements in an Organizational Society, pp. 319-336, New Brunswick/Oxford: Transaction Books
Zilleßen, H./Dienel, P.C./Strubelt, W. (Eds.), (1993), Die Modernisierung der Demokratie. Internationale Ansätze, Opladen: Westdeutscher Verlag

Gotthard Bechmann

Natur als Eigenwert der Gesellschaft?

1. Die Aktualität der Naturdebatte

„There is considerable consensus that we are facing an environmental crisis" beginnt ein Aufsatz zur umweltpolitischen Diskussion und artikuliert damit eine weitgehende konsentierte Weltsicht. Die Autorin fährt dann fort „no such consensus exists over the causes of phenomena and the potential solution available to eliminate them" (Adam 1993, S. 399). Genau an diesem Punkt beginnen sich die Geister zu scheiden. Die Thematisierung der Natur als Umwelt der Gesellschaft deutet einen fundamentalen Wandel der Selbstverständigung in der Gesellschaft über Natur an (Bechmann/Frederichs 1997). Dieser Umbruch ist nicht Resultat eines gesellschaftlichen Wertewandels oder Ergebnis philosophischer Reflexion oder naturwissenschaftlicher Forschung, sondern hängt sehr stark mit der Art und Weise zusammen, mit der die funktional differenzierte Gesellschaft ihre eigenen Erfahrungen und Folgen der Umgangsweise mit Natur zum Räsonnement erhebt. Geläufig sind die Symptome, mit denen die Krise diagnostiziert wird. Erschöpfung der Rohstoffvorräte, die Vernutzung von Landschaften, Eingriffe in Klima und in die Reproduktionsmechanismen ökologischer Systeme, Ausrottung von Tier- und Pflanzenarten, Verschmutzung von Wasser und Luft, Vergiftung von Nahrung, Böden und ganzen Landstrichen und dadurch Zerstörung des „natürlichen Lebensraums" der Menschen. Und dies geschieht nicht nur sporadisch und in zeitlich großen Abständen, sondern global und in immer sich steigerndem Tempo mit irreversiblen Folgen. Insofern ist es nicht verwunderlich, daß das Reden über, ja die Beschwörung von Natur wieder modern geworden ist.

Nicht nur die Philosophen entdecken die Naturphilosophie neu für ihr Gewerbe (Böhme 1992), sondern auch die Soziologen sehen sich dem Vorwurf ausgesetzt, ihre Wissenschaft sei naturvergessen, allein auf das Soziale fixiert. „Natur" oder „natürlich" gilt auch in der Werbung als höchstes Prädikat zur Qualitätsempfehlung. Natur wird zu einem wesentlichen Topos öffentlicher Diskussion, der in die Leitartikel und Fernsehsendungen gerät.

In einer Zeit, in der der technische Fortschritt nicht nur die äußere Natur des Menschen, gemeinhin als Umwelt bezeichnet, rapide verändert, sondern Gentechnologie, Pharmazie und Informationstechnologie auch die innere Natur des Menschen in einem bisher noch nicht dagewesenen Ausmaß zu manipulieren beginnen, erzeugt der Diskurs über Natur heftige Konflikte in der Gesellschaft. Natur – so möchte es scheinen – wird in dem Maße für die Gesellschaft interessant, in dem ihre Kontingenz und Ersetzbarkeit bewußt wird. Noch einmal, fast trotzig, wird die Hoffnung in das Untergehende gesetzt, als ob von dort Orientierung oder Halt käme (Altner 1993). Und in der Tat, der neu entbrannte Diskurs um das rechte Naturverständnis in der Gesellschaft signalisiert einen Perspektivenwechsel im Rahmen der Umweltdebatte. Gernot Böhme hat ihn als Übergang vom Thema Naturschutz hin zum Thema Naturgestaltung bezeichnet (Böhme 1995). Was ist damit gemeint?

Die Umweltbewegung hat ihren Ursprung in der Heimat- und Naturschutzbewegung. Ausgangspunkt dieser Bewegung ist die Erfahrung des Menschen in der Industrialisierungsepoche. Da immer mehr Natur durch menschliches Einwirken verbraucht und geschädigt wird, gilt es, Natur zu schonen, wo dies nicht möglich ist, Reservate zu schaffen, um Reste der ursprünglichen Natur zumindest als Touristenattraktion zu erhalten (Fleming 1988).

Bis in unsere Tage wirkt dieser defensive Charakter nach. Mit der rasch voranschreitenden Naturzerstörung in den hochindustrialisierten Ländern geht die Forderung einher nach Renaturalisierung, Rekultivierung, Deindustrialisierung. Der Mensch soll nicht, trotz der Anwendung fortgeschrittener Technologie, seine Naturbeziehung verlieren. Dramatisiert wird dieses Argument mit dem Hinweis auf die ökologische Selbstgefährdung des Menschen, oder genauer, der Vernichtung der natürlichen Grundlagen menschlichen Lebens. Die Natur wird hier sogleich als Voraussetzung menschlichen Lebens begriffen und auch als das andere, das dem Menschen fremd Gegenüberstehende, das es bis in die letzte Konsequenz zu schützen und zu bewahren gilt. Unterschlagen, oder notwendigerweise nicht gesehen, wird aus dieser Perspektive, daß die „ursprüngliche Natur" eigentlich im Laufe der Menschheitsgeschichte kultivierte Natur geworden ist. Die romantische Toscana-Landschaft entbirgt sich dem historisch geschulten Blick als Produkt jahrtausendelanger Kultivierung, und die „wilde" Vulkanlandschaft in Island kann jeder, der lesen kann, als Folge mittelalterlicher Wald- und Bodenzerstörung (Kahn 1973) entschlüsseln. Selbst in der Natur trifft der Mensch auf sich und seine Vorfahren, auf gestaltete, geschichtliche Natur. Nur – und hier beginnt die Erfahrung der Postmoderne – weil Natur immer stärker als verfügbar und technologisch substituierbar erscheint, wird ihre Widerständigkeit bewußt. Das „naturhafte" der Natur tritt als Nebenfolge gezielter Eingriffe oder als synergetische Effekte von vielen ungeplanten Eingriffen auf.

Interessant ist nun das Muster geplanter, gezielter Eingriffe in die Natur. Je mehr die Natur bewußt verändert wird, um so klarer tritt die Komplexität der ungelösten Folgen zutage und steigert sich das Nichtwissen, so als ob mit jedem kleinen Erkenntnisfortschritt sich das Nichtgewußte, Nichtbeherrschbare zu erkennen gibt. Dies betrifft die Evolution in langen Zeiträumen. Als Beispiel mag hier die Klimabeeinflussung gelten, aber es betrifft auch die Erforschung des Weltraumes, wo sich die „schwarzen Löcher“ auftun, in denen alle Energie verschwindet. Es entsteht ein Wissen des Nichtwissens über Natur (Moscovici 1984). Dies gilt aber auch für unmittelbare, kurzfristige Eingriffe. Jeder Versuch, Natur zu verändern, zeigt Nebenfolgen, die so nicht intendiert waren. Wie ist aber dann noch über Natur zu sprechen? Unser Alltagsverständnis von Natur ebenso wie wissenschaftlich entwickelte Vorstellungen über Natur sind durch eine mehr als zweitausendjährige Tradition bestimmt. Das Wort Natur mit all seinen Derivaten stand ursprünglich im Zusammenhang mit der menschlichen Praxis. Der Gegensatz Natur/Mensch, der für Aristoteles den Leitfaden für die Bestimmung des Naturbegriffs abgab, ist als eine komplementäre Beziehung zu verstehen. Natur ist, was wir nicht gemacht haben. Aber wir können nur etwas machen, weil Natur selbst von der Art des bereits geformten Materials ist und wir sie nach der Analogie dessen, was wir machen, begreifen können. Und nur weil Natur nicht bloß passive Materie ist, kann Aristoteles wiederum zwischen natürlicher und erzwungener Bewegung unterscheiden, eine Unterscheidung, deren Preisgabe zu den fundamentalen Prämissen der neuzeitlichen Physik gehört.

Natur, begriffen als Selbstbewegung, erreicht ihren vorgesehenen Endzustand, ihr Telos, in dem sich ihr Wesen erfüllt. Aber in der Natur selbst gibt es Fehlentwicklungen, die von der vorhergesehen Form abweichen und eben nicht ihren vorbestimmten Endzustand erreichen. Aber diese Abweichungen von der Norm sind Ausnahmeerscheinungen. Darum konnte Aristoteles auch fordern, man solle die Natur in ihren perfekten und nicht in ihren korrupten Zuständen beobachten, um ihre Ordnung zu erkennen (Pol. 1154a 36-37). Das Telos des Erkennens habe, anders gesagt, dem Telos der Natur zu entsprechen. Betrachtet man den Menschen unter diesen Kategorien, so ist er als animale rationale sowohl Natur und Nicht-Natur. Aristoteles führt diese Differenz wieder in den Naturbegriff ein, in dem auch der gesellschaftliche Teil des Menschen Natur ist. Sowohl als zoon politikon (politisches Wesen) als auch als zoon logon echon (Sprachwesen) gehört er der Natur an. Gemeinschaft (Polis) und Sprache ist ihm naturgemäß eigen. Die Unterscheidung Korruption/Perfektion wird darum auch auf die Gesellschaft angewandt. Menschen haben von Natur aus die Möglichkeit, ihre Vernunft zu gebrauchen. Auch die Vernunft gehört zur Natur, und ist daher korrumpierbar. In dem die Vernunft etwas Natürliches ist, kann der Mensch seine sozialen und politischen Angelegenheiten nach einem Telos ausrichten und zwischen rein physischem Leben und dem guten, dem gelungenen Leben unterscheiden (Ilting 1978, S. 253ff.). Der Mensch kann nicht die Natur gefährden, da sowohl perfekte als auch defekte Formen in einem gemeinsamen Naturverständnis zusammen gebracht werden. Kann man aber heute noch so denken? An Aristoteles wurde hier nicht erinnert, um zu sagen, daß sich zeitlich viel geändert hat, dies ist zu evident. Vielmehr geht es darum, daß diese

Ausgangsposition eine bestimmte Sicht auf das Verhältnis von Natur und Gesellschaft festgelegt hat, die traditionsbestimmend geworden ist. Um abschätzen zu können, wie weit wir diese Überlegungen faktisch hinter uns gelassen haben, soll zunächst anhand einer begriffsgeschichtlichen Analyse des Naturbegriffes gezeigt werden, wie das aristotelische Naturverständnis sukzessive aufgelöst wurde.

2. Die Auflösung des griechischen Naturbegriffs

Entscheidend wird der Naturbegriff in der Neuzeit verändert. Und dies in zweifacher Hinsicht. Natur wird zum Objekt wissenschaftlicher Forschung und gleichzeitig Norm für die Gesellschaft.

1. Sie wird aufgrund einer vom Menschen an die Welt herangetragenen Theorie befragt, um zu überprüfen, ob diese Hypothese durch das Experiment bestätigt oder widerlegt werden kann. Es ist daher grundsätzlich nicht möglich, die „Natur als Ganzes" zu befragen, es sind immer nur jene Ausschnitte zu untersuchen, die sich im Rahmen der vom Forscher aufgestellten Theorien ergeben. Natur in diesem Sinne ist nichts anderes als das Korrelat zum Menschen und seiner jeweiligen Fragestellung. Die Aufmerksamkeit gilt der Suche nach Naturgesetzen. Natur ist also ein genau abgegrenzter Ausschnitt und zwar Ausschnitt aus den mannigfaltigen Phänomenen. Sie verliert ihre Bedeutung als Sinngebung für den Menschen (Heisenberg 1955).
   Bei Bacon tritt ein zweites Moment hinzu. Erkenntnis der Natur bedeutet ihm vor allem Beherrschung der Natur. Wissen um die Natur ist nur möglich durch Macht über die Natur. Natur bedeutet nicht nur den Kreis des Geschaffenen (creatura), sondern auch den Bereich des Schaffens (creatio).
   Das eigentlich Neue dieses Naturbegriffs ist die Verbindung des Operativen mit der konzeptionellen Naturbetrachtung. Natur ist nicht nur Objekt der betrachtenden Erkenntnis, sondern gleichzeitig auch Erkenntnis der Naturgesetze, der Machbarkeit der Natur. Natur wird erkannt, indem wir mit ihr experimentieren, sie manipulieren und verändern.
   Natur und Technik werden hier nicht ontologisch in Seinsweisen getrennt. Es besteht nur ein pragmatischer Unterschied der möglichen Beherrschung. Diese Tradition führt unmittelbar in die Gegenwart, wenn Moscovici den Menschen zum technologischen Erzeuger der Natur hochstilisiert.
2. Im Bereich der Gesellschaft, oder wie Aristoteles gesagt hätte, im Bereich der Polis, zeichnet sich zu Beginn der Neuzeit eine parallel laufen-

de Abwendung vom teleologischen Naturbegriff ab. Natur wird zur Norm erhoben, an der sich die gelungene Vergesellschaftung ablesen läßt. Naturrecht bedeutet ja, daß das Recht aus der Natur des Menschen, bzw. aus der vernünftigen, d.h. natürlichen Ordnung der Gesellschaft entspringt und Vernunft, dies ist die Natur des Menschen, an der alle individuellen Exemplare der Gattung teilhaben.

Natur als Materie für den Gestaltungswillen und als Norm für das Zusammenleben der Menschen, diese beiden Sichtweisen verbindet der moderne Naturbegriff.

Zu Beginn des 19. Jahrhunderts, unter dem Eindruck der sich entwikkelnden Naturwissenschaften, wird dieser wissenschaftlich und gesellschaftlich ausbalancierte Begriff gespalten.

Natur ist im wissenschaftlichen Sinne die Gesamtheit der Resultate naturwissenschaftlicher Forschung und damit ein Begriff ohne Abschluß. Andererseits wird Natur als offenes, umgreifendes Gesamtsystem konzipiert, das den Menschen mit einschließt und das in evolutionärer Entwicklung als Gesamtzusammenhang zu begreifen ist. Die Ökosystemforschung oder auch Teile der Biologie sehen die Natur als ein selbstregulierendes und sich selbst organisierendes System an, in dem der Mensch nur ein Teil ist.

3. Zur Unterscheidung von Natur und Technik

Die Unterscheidung von Natur und Technik, mit der hauptsächlich heute die ökologische Debatte geführt wird, scheint selbst fragwürdig geworden zu sein. Sie lebt immer noch von dem Gegensatz Natur und Technik und versucht das eine gegen das andere auszuspielen, so als ob Natur oder Technik jeweils etwas Außergesellschaftliches sei.

Mit der Auflösung des griechischen Naturbegriffs hat auch die Technik ihren Halt verloren.

Geht man auf den Ursprung dieser Unterscheidung zurück, so sieht man, welche Wandlungen diese Differenz im Laufe der Zeit gemacht hat und welche unterschiedlichen Wirkungen und Ursachen im Verhältnis von Technik und Gesellschaft durch sie thematisiert wurden.

Im Schema Natur/Technik war Technik ursprünglich das Vermögen, etwas herzustellen, zu produzieren. Natur hingegen war das Gewordene, durch den Menschen nicht Beeinflußbare. Ausschlaggebend für das griechische Verständnis von Technik war jedoch, daß techné eine Kunst ist, die zwar gegen die Natur angewandt wird, diese aber in ihrer Struktur, in ihrem Sein nicht verändert. Technik wird als Ausgestaltung, als Nachahmung der Natur verstanden, die das Telos der Natur treffen oder verfehlen kann (Krohn

1989). Technik war dadurch in einen funktionsstiftenden Zusammenhang, der als Kosmos verstanden wurde, in eine Gesamtordnung eingebunden, die das Maß für alle Dinge bildete. So betrachtet war Technik nicht Natur, aber naturgemäß, die der Natur half, sich selbst zu vollenden (Blumenberg 1951).

Die Unterscheidung von Natur und Technik wurde damit wiederholt. Sie wird zum Teil der Technik als Grenze des schon Erreichten, als „noch nicht Wissen“ oder „noch nicht Können“ vorgestellt.

Mit der Auflösung des griechischen Naturbegriffs hat auch die Technik ihr Gegenüber verloren. Obwohl es von Anfang an Bedenken gab, ob das Herstellenkönnen überhaupt etwas Gutes sei, wurde am instrumentalen Gedanken der Technik festgehalten. Indem Technik aus dem geordneten Naturzusammenhang herausgelöst wurde, mußte auch die der Bewegung zugrundeliegende teleologische Struktur aufgegeben werden. Es ging seitdem nicht mehr um perfekte Endzustände, weder in der Natur noch für die Technik. Technik wird ab diesem Zeitpunkt als Mittel zur Realisierung von Zwecken gesehen, die frei gewählt werden konnten oder sich aus der Natur der Sache begründeten.

Aber schon Heidegger kommen Zweifel, ob die reine Instrumentalität das eigentliche Wesen der Technik ist (Heidegger 1967, S. 617). Er sieht in der Technik einen Modus der Weltaneignung, der sich eben nicht auf eine subjektiv konstruierte Zweck-Mittel-Relation reduzieren läßt. Das Wesen der modernen Technik zeigt sich in dem, was er das Ge-stell nennt.

„Es ist nichts Technisches, nichts Maschinenartiges. Es ist die Weise, nach der sich das Wirkliche als Bestand entbirgt“ (S. 23). Und Bestand meint eine Art und Weise der Realitätskonstruktion, die unter den Gesichtspunkt des Funktionierens oder Nichtfunktionierens gebracht wird. Sieht man einmal von Heideggers apokrypher Sprache ab, so wird an diesem Text deutlich, daß Technik gerade nicht im Gegensatz zur Natur zu sehen ist, und schon gar nicht als Mittel *des* Menschen (wer ist das schon?) zur Beherrschung von Natur.

Zu den bemerkenswertesten und folgenreichsten Diskussionen in der Techniksoziologie der letzten Dekade dürfte die kritische Analyse und Destruktion der instrumentellen Deutung der Technik gehören.

Die instrumentale Deutung der Technik besitzt drei Varianten: die finale, die kausale und die funktionale. Die finale Interpretation orientiert sich an der Zweck-Mittel-Relation. Technik ist das Mittel; gesellschaftliche Zwecke bestimmen, zu wessen Nutzen Technik zum Einsatz kommt.

Das kausale Beschreibungsmodell geht demgegenüber von der Erfahrung moderner Technik aus, die mit der Zweck-Mittel-Relation nicht mehr hinreichend zu begreifen ist. Technik ist nicht mehr Mittel für vorgegebene Zwecke, vielmehr ist die Sachgesetzlichkeit des technisch Machbaren selbst zweck-setzend geworden. Ein gegebenes Niveau technischer Entwicklungsmöglichkeiten wird so zur bewirkenden Kraft gesellschaftlicher Entwicklung.

Die funktionale Auffassung der Technik geht von der Substitutionswirkung der Technik aus. Die Aufgabe technischer Instrumente besteht darin, die Wirkungskraft und Reichweite menschlicher Tätigkeiten zu verstärken und damit die physiologischen Grenzen menschlicher Tätigkeit hinauszuschieben. Insbesondere solche Tätigkeiten, die auf Erhaltung oder Transformation stofflicher, energetischer oder informationeller Zustände abzielen. Der Kreis dieser Tätigkeiten sei – in Anlehnung an die aristotelische Poiesis – der Funktionskreis des bewirkenden bzw. poietischen Handelns genannt. Die „List der technischen Vernunft" liegt darin, die Wirkungskraft und Reichweite menschlichen Handelns dadurch zu steigern, daß ehemals von menschlichen Individuen ausgeführte Verrichtungen schrittweise an künstliche Mechanismen delegiert werden, so daß mit Hilfe technologischer Wirkungsprinzipien diese Verrichtungen effektiver ausgeführt werden.

Werner Rammert hat in einem instruktiven Überblick gezeigt, daß diese drei Interpretationen zumindest nicht mehr auf die neuen Technologien zutreffen, da diese weder abgeschlossene Artefakte darstellen noch Mittelcharakter besitzen oder als Substitutionen von menschlichen Handlungen aufgefaßt werden können (Rammert 1993, S. 151ff.). Stattdessen zeigen historische Untersuchungen, daß die Vorstellung, Technik sei ihrem Wesen nach eine geschlossene Apparatur mit eigener Rationalität und Techniksoziologie habe es im wesentlichen mit den sozialen Konsequenzen der Technik zu tun, eine Erfindung der Theorie ist.

Moderne Technologien sind keine Artefakte, sondern ein System von Beziehungen, das aus unterschiedlichen Strategien der gesellschaftlichen Akteure erzeugt wird und durch divergierende Orientierungskomplexe dieser Akteure gesteuert wird. Als wichtigstes Kennzeichen der neuen Technologien ist ihr Prozeßcharakter (im Unterschied zum Instrumentencharakter) hervorzuheben. Schon die sequentielle Ausdifferenzierung von Phasen der Innovation zeigt, bedingt durch den Prozeßcharakter der Technik, daß die Eingriffsmöglichkeiten von Akteuren zugenommen haben. Der Systemcharakter erweitert das Spektrum der mit der Technologie in Berührung kommenden, eingreifenden, vermittelnden sozialen Akteure. Zu recht betont Luhmann, die Grenzen der Instrumentalität: Im Paradigma der Instrumentalität wird die Vorstellung suggeriert, „man könne Technologien wählen, um bestimmte Ziele möglichst effizient und möglichst kostengünstig zu erreichen. Man bekomme es dann zwar mit unbeabsichtigt eingetretenen Nebenfolgen zu tun, die Anlaß geben, nach dem Gesetz der Heterogenität der Zwecke neue Zwecke und neue Technologien zu ersinnen. Verfolgt man diesen Gedanken zu Ende, so führt das im Rahmen des traditionell instrumentalen Denkens zu der Einsicht, daß die Nebenbedingungen immer wichtiger und die eigentlichen Zwecke immer unwichtiger werden und daß die Technologiefolgenprobleme in hohem Maße die noch freie Zwecksetzungskapazität ausschöpfen" (Luhmann 1990, S. 73).

Nicht-intendierte Folgen kann man als eine Klasse von Phänomenen beschreiben, welche – so Hayek – „Ergebnisse menschlichen Handelns, aber nicht menschlichen Entwurfs sind“ (Hayek 1969, S. 243). Nun handelt es sich bei nicht-intendierten Folgen nicht um defizitäre Zweck-Mittel-Relationen, die durch Rationalisierung des Zweck-Mittel-Einsatzes behoben werden könnten, sondern sie sind die notwendige Folge zweckrationaler Handlungskonstruktion. Es geht also um die nicht-rationalen Voraussetzungen der Zweckrationalität.

Was schon bei Heidegger in seiner Auseinandersetzung mit der Technik angeklungen war, wurde durch die Techniksoziologie konkretisiert und anhand empirischer Forschung erhärtet: Technik bzw. Technologien lassen sich nicht instrumental als Werkzeuge des Menschen deuten, mit deren Hilfe er Naturprozesse zu beherrschen sucht, sondern sie sind selbst eigene Weltkonstruktionen und selbst-substitutiv. Selbstsubstitutiv sind Systeme bzw. Ordnungen, die nicht durch Ordnungen anderen Typs ersetzt, also auch nicht in der Form eines Leistungsvergleichs begründet werden können, sondern nur im Anschluß an sich selbst zu ändern, zu entwickeln sind. Nimmt man diese Einsicht ernst, so wird man die Hoffnung auf ein steuerndes Subjekt ebenso aufgeben müssen, wie die Suche nach einer fundamental anderen Verwendungsweise der Technik, oder Alternativen zur Technik.

4. Ein nicht-instrumentaler Technikbegriff

Die Nebenfolgendebatte zeigt auch, daß man den Technikbegriff gänzlich abkoppeln kann von der instrumentalen Auffassung und in Anlehnung an Luhmann das eigentlich Technische in seinem konstruktiven Charakter sehen kann. Technik als soziales Konstrukt kann dann dreierlei bedeuten:

1. Ausgangspunkt ist der Entlastungscharakter der Technik. Technische Zusammenhänge haben eine spezifisch genaue Verweisung aufeinander, die Kommunikation überflüssig macht. Diese interne Verweisungspräzision macht lange Handlungsketten möglich, in denen Verstärkereffekte eingebaut sind.
2. Technische Strukturen zeichnen sich weiter durch Abstraktion von zeitlichen, räumlichen und kommunikativen Differenzen aus, die die Kontextfreiheit von Technik konstituieren. Auch die identische Reproduzierbarkeit technischer Abläufe, die Sicherheitsgarantien schafft und Lernprozesse erübrigt, verweist auf diese Abstraktionsleistung. Der Vollzug technischer Funktionen ist ohne allzuviel Reflexion, vor allem aber ohne Rückfrage beim Subjekt oder bei einem anderen Beobachter möglich.
3. Drittens weist Luhmann mit Nachdruck darauf hin, daß eines der wichtigsten Merkmale der Technik eine Vereinfachung von Kausalzusam-

menhängen ist. „An die Stelle der Zweck-Mittel-Unterscheidung tritt ein Verhältnis von Einschließung und Ausschließung, das den Bereich des technisch Kontrollierbaren gegen unkontrollierte Interferenzen isoliert“ (Luhmann 1991, S. 73).

Technische Artefakte kann man als das Auffinden günstiger Kausalkonstellationen begreifen, die man konstruieren und beherrschen kann, mit gut überblickbaren Selektionsmustern in einer ansonsten unübersehbaren, komplexen Welt von Kausalrelationen (in der Tendenz eine ähnliche Bestimmung bei Halfmann 1995 und 1996).

Trotz allem darf aber nicht vergessen werden, daß Technologien nach wie vor intentional entwickelt werden. Gerade die Technikgeneseforschung hat diesen Aspekt, wenn auch zu einseitig, mit Recht betont. Sie knüpft damit an die Perspektive der Erfinder, der Promotoren und der Nutzer an, in dem sie die Absicht, bestimmte Effekte zu erzeugen, in das Zentrum der Technikanalyse stellt. Diese Effekte können eintreten oder nicht, ihre endgültige Form und Wirkungsweise erhält die moderne Technik in einem gesellschaftlichen Erzeugungsprozeß, der eher wohl auf Basis von evolutionstheoretischen Annahmen zu beschreiben ist als auf der Basis planungstheoretischer Überlegungen (eine Gegenperspektive formuliert Grunwald 1997). Leitbilder im Technikgeneseprozeß können über die Endgestalt der Technik trügen, zumindest stellen sie kein probates Mittel zur Steuerung der Technik dar, auch nicht in Bezug auf ihre gesellschaftliche Angepaßtheit oder Unangepaßtheit (Bechmann/Gloede 1993).

Mit der Zunahme technischer Realisationen und Produkte wird schließlich auch die eigentliche Schmalspurigkeit und Linearität des Verhältnisses von Mittel und Zweck evident. Es gibt auch immer andere Verwendungsmöglichkeiten für verfügbare Mittel, es gibt Opportunitätskosten, und es gibt vor allem immer unbeabsichtigte und unerwünschte Nebenfolgen jeder bestimmten Festlegung auf Mittel und Zwecke – eine Einsicht, die die Zweck/Mittel-Rationalität auf relativ kurzfristige Handlungszusammenhänge begrenzt und langfristig ruiniert hat.

Dies wird besonders deutlich am Problem des Risikos, das ungewisse, aber mögliche Schäden einer Technologie betrifft, die dazu führen könnten, daß man die Entscheidung, die man dann nicht mehr ändern kann, bereut. Und Risiken können genau aus diesem Grund nicht im Schema von Mittel und Zweck rationalisiert werden (Baecker 1989).

Im Risikobegriff verschränken sich Entscheidungsperspektive und Evolutionssichtweise (Bechmann 1993). Um die angestrebten Zwecke zu realisieren, nimmt man Nebenwirkungen in Kauf. Mit zunehmend offenem Zeithorizont scheint es aber so, als ob die möglichen nicht-intendierten Nebenfolgen die angestrebten Zwecke dominieren würden oder sie gar angesichts der Katastrophenmöglichkeit geradezu verblassen lassen. Ein Super-Gau und der Sinn der Kernenergie wird öffentlich problematisiert. Oder ein anderer Fall: die Klimadiskussion zeigt die Grenzen eines vernünftigen Gebrauchs des Automobils auf.

Verdichtet man diese Entwicklungstendenzen, so stellt sich unter evolutionärer Perspektive das Problem, wieweit gerade funktionierende, ihren Zweck erfüllende Technik nicht langfristig die Basis der gesellschaftlichen Reproduktion gefährdet und ob es der Gesellschaft gelingen kann, die selbsterzeugte Komplexität der Nebenfolgen noch operativ zu beherrschen.

Das Verhältnis von Technik und Gesellschaft bekommt damit eine Zukunftsperspektive, die sich für positive und negative Bewertungen öffnet. Noch heute denken wir im Normalfall so, nur mit mehr Wissen und mehr Befürchtungen, was unbeabsichtigte oder nicht zu vermeidende Nebenfolgen der Technik angeht. Die Frage ist aber, ob wir unsere Zukunftsperspektiven weiterhin im Schema Zweck/Mittel formulieren sollen. Da der Stand der Technik sehr viele Zwecke als realisierbar erscheinen läßt, verdrängt die Frage nach Zweck und Nebenfolgen diejenige nach der Rationalisierung von Zweck und Mittel.

Die vorstehende Analyse legt es nahe, den Technikbegriff vom Schema Zweck/Mittel abzukoppeln. Statt dessen könnte man das entscheidende Merkmal der Technik in einer Vereinfachung von Kausalzusammenhängen sehen. An die Stelle der Zweck/Mittel-Unterscheidung tritt ein Verhältnis von Einschließung und Ausschließung, das den Bereich des technisch Kontrollierbaren gegen unkontrollierte Interferenzen isoliert. Technik ist dann eine erprobte und bewährte Simplifikation von an sich unendlichen Kausalbeziehungen, wie Luhmann sagen würde, aber deshalb noch lange nicht eine zweckrationale Weise der Umgestaltung von Natur und Gesellschaft (Luhmann 1997, S. 517 ff).

Einerseits kann nicht mehr auf Natur als der Gesellschaft vorausliegend referiert werden, wenn der Naturbegriff selbst eine in der Gesellschaft stattfindende Beschreibung der Gesellschaft in Bezug auf ihre Umwelt ist und dadurch seine Bedeutungsweise historischen und gesellschaftsstrukturellen Wandlungen unterliegt. Andererseits kann Technik nicht mehr als Nicht-Natur der Natur gegenübergestellt werden. Gleichzeitig wird es auch immer unsinniger, von einer zunehmenden Technisierung der Gesellschaft zu sprechen, da gerade die empirische Techniksoziologie in vielen Untersuchungen den entscheidungsabhängigen und sozial konstituierten Charakter der Technik aufgezeigt hat. So muß für die Thematisierung der neuartigen ökologischen Probleme, und wer wollte sie bestreiten, neu angesetzt werden. Mit anderen Worten, wie kann mit Hilfe einer strikt innergesellschaftlichen Sichtweise beschrieben werden, daß die Gesellschaft durch ihre eigenen Reproduktionsmechanismen die ökologische Grundlage, d.h. ihre eigene Umwelt so beeinträchtigt, daß dies unkontrollierte Rückwirkungen auf die gesellschaftliche Reproduktion insgesamt hat. Um hierauf eine Antwort zu finden, sollen hier zwei Strategien eingeschlagen werden. Zum einen wird gefragt, mit welchen Modellen wird heute das Verhältnis von Gesellschaft und ihrer Umwelt beschrieben, zum zweiten sollen Anmerkungen zu den gesellschaftlichen Voraussetzungen der Ökologie thematisiert werden.

5. Drei Modelle des Verhältnisses von Gesellschaft und Natur

Im ökologischen Diskurs wird mit mindestens drei Modellen dieser Beziehung gearbeitet: mit dem naturwissenschaftlichen Modell, das zur Auflösung eines einheitlichen Naturbegriffs geführt hat; mit dem ökologischen, das eine nichtbeobachtbare Einheit von Natur und Gesellschaft unterstellt und die Natur als normative Orientierung für Handeln nimmt und mit einem kulturalistischen Modell, das das Verhältnis von Natur und Gesellschaft in einen sozialkonstruktiven Relativismus einbaut.

a) Das naturwissenschaftliche Modell

Die naturwissenschaftliche Betrachtungsweise führt zu einer völligen Auflösung des Naturbegriffs. Die Naturwissenschaften wissen heute mehr über die Natur, als jemals zuvor. Doch dieses Wissen ist einerseits ein rein theoretisches Wissen, andererseits ein Laborwissen. Es hilft uns, über die Natur zu verfügen, sie in Elemente zu zerlegen und neu zu kombinieren, es hilft uns nicht, sich in der Welt zu orientieren (sehr früh schon: Heisenberg 1955). Die naturwissenschaftliche Beobachtung der Natur mit Hilfe von Meßgeräten und Experimenten hat zu einer Auflösung der Natur in Elementarteilchen und die sie beherrschenden Kräfte geführt. Die makroskopische Sichtweise (Relativitätstheorie) und die mikroskopische Betrachtungsweise der Natur sind bislang noch nicht miteinander vereinbar. Was gegenwärtig als Natur in den Naturwissenschaften rubriziert wird, hängt von der Konstruktion und der Deutung der Meßgeräte ab (Janich 1992). Inzwischen wird durch die fortschreitende Mathematisierung, durch den Einsatz von Computertechnologien und der zunehmenden Simulation der Natur, die Konstruktivität des Naturbegriffs bewußt (Jäger 1992).

b) Das ökologische Modell

Im bewußten Gegensatz dazu hat sich in der Ökosystemforschung, aber auch in der Umweltforschung insgesamt eine ganzheitliche Sichtweise herausgebildet. Natur und Gesellschaft werden als wechselseitig aufeinander bezogen und miteinander verschränkt gedacht. Der Natur kommt in Bezug auf die Gesellschaft eine zweifache Funktion zu: sie ist lebensnotwendige Voraussetzung der Gesellschaft aufgrund ihrer Ressourcen und gleichzeitig wird sie als Vorbild gelungener Vergesellschaftung genommen (Trepl 1987). Bei der Unterscheidung Natur/Gesellschaft wird ganz auf Natur gesetzt, ob es sich um die technische Nachahmung bestimmter Funktionsprinzipien handelt oder ob von der nachhaltigen Nutzung und der Einbettung natürlicher, regenerativer und kreisförmiger Prozesse gesprochen wird, die Natur gilt als Norm und die Gesellschaft bleibt eigentümlich unterbelichtet. Die Einheit der Unterscheidung Natur/Gesellschaft, also das gelungene Gemeinsame erschließt sich nur dem Astronautenblick von außen, der weder zur Gesellschaft noch zur Natur gehört, als sakrale Quelle geoffenbarten Wissens (hier besonders engagiert: Altner 1993).

c) Das kulturalistische Modell

Das kulturalistische Modell hingegen betont die soziale Konstruktion des Verhältnisses von Gesellschaft und Natur. Über Natur kann nur in der Gesellschaft kommuniziert werden. Je nach unterschiedlichem kulturellen Kontext kann eine typische Verwendungsweise des Begriffs Natur beobachtet werden. Die Natürlichkeit der Natur löst sich in eine pluralistische Sichtweise auf, die historisch und gesellschaftlich variabel ist (Thompson/Ellis/Wildavsky 1990). Die Rede von Natur stellt gesellschaftlich produzierte Mythen bereit, die darauf verweisen, daß die ökologische Beschreibung der Beziehung Gesellschaft/Natur immer schon eine Selbstbeschreibung der Gesellschaft ist, bei der es sich um differierende Weltbilder sozialer Gruppen oder Gesellschaften handelt (Japp/Krohn 1996). Die Differenz Gesellschaft/Natur wird in Richtung Gesellschaft aufgelöst, bei der die Natur als gesellschaftlich erzeugt verstanden wird (Douglas/Wildavsky 1983).

Gemeinsam ist diesen Ansätzen der Versuch, die Differenz von Gesellschaft und Natur für die Ökologieproblematik fruchtbar zu machen. Gleichwohl besitzen sie spezifische Ausblendungen. Natur wird bei ihnen als das andere der Gesellschaft, als Chiffre für das Nichtverfügbare, von der Gesellschaft Unterschiedene gesehen. Was sie nicht sehen können, ist die Einheit der Unterscheidung. Wie im naturwissenschaftlichen Ansatz hinter den Operationalisierungen und dem Experiment die Natur verschwindet, so geht im ökologischen Ansatz die Gesellschaft verloren und löst sich in Stoffkreisläufe auf, während im kulturalistischen Ansatz die Differenz von Gesellschaft und Natur eingeebnet wird: Letztlich wird auch die Natur selbst noch (ohne Rest gewissermaßen) den gesellschaftlichen Beschreibungen unterworfen (Japp/Krohn 1996). Darin, daß bei allen drei Naturbegriffen die Konstruktion des ökologischen Wissens durch gesellschaftliche Kommunikation deutlich sichtbar wird, äußert sich bereits die Fragmentierung, die Unzuverlässigkeit, mit einem Wort, die Kontingenz dieses Wissens.

6. Gesellschaftliche Voraussetzungen der Ökologie

Will man sich nicht in den Fallstricken eines geoffenbarten Wissens über die vorgängige Harmonie von Natur und Gesellschaft, wie dies im ökologischen Diskurs besonders von den Vertretern eines biozentrischen Weltbildes bevorzugt getan wird, verheddern oder eine außergesellschaftliche Referenz für sein Wissen geltend machen, so zeigt sich, daß die ökologische Problematik sich nur als ein Problem in der Gesellschaft formulieren und auch nur in der Gesellschaft entscheiden läßt. Alle ökologische Kommunikation arbeitet dabei mit der Unterscheidung von Gesellschaft/Umwelt, die insofern selbstbezüglich ist, da sie nur in der Gesellschaft vorkommt. Damit ist impliziert, daß die Gesellschaft zugleich auf die Unterscheidung von Wissen und Nichtwissen angewiesen ist. Zugleich ist ökologisches Wissen prinzipiell unabgeschlossen, fragmentarisch und kontingent, insofern es die Differenz Gesellschaft/Umwelt ständig reproduziert, sonst könnte Natur nicht wahrgenommen werden.

Gesellschaft wird hier in erster Annäherung als ein sich selbst reproduzierender Kommunikationszusammenhang verstanden, der durch rekursive Verkettungen von Kommunikation Differenzen erzeugt (siehe zu diesem Gesellschaftsbegriff: Fuchs 1992). Wichtigstes Strukturelement der modernen Gesellschaft ist dabei funktionale Differenzierung, deren wesentliche Konsequenz in der Steigerung von Kontingenz auf der strukturellen Ebene aller Funktionssysteme zu sehen ist. Bestände können nicht mehr in ultimativen Werten (Parsons) abgesichert werden. Für die Wissenschaft bedeutet dies, daß sie nur noch hypothetisches Wissen erzeugen kann und daß dieses Wissen davon abhängig ist, wer (Sozialdimension) wann (Zeitdimension) welche (Sachdimension) Unterscheidungen trifft. Funktionale Differenzierung führt in dieser Hinsicht zu polykontexturalen Unterscheidungshinsichten. Die Kehrseite jeglichen positiven Wissens ist deshalb Intransparenz oder Nichtwissen im Hinblick auf die vielen, ebenso möglichen Unterscheidungen. Jegliches (auch wissenschaftliches) Wissen operiert einen Kontext transparenter Kognition aus einer ansonsten unbeobachtbaren Welt heraus: Insofern ist Intransparenz eine Ressource für Transparenz (Luhmann 1992).

Ein zweites gesellschaftliches Merkmal besteht darin, daß gerade die ökologische Diskussion bewußt gemacht hat, daß vieles, was vordem als Natur, Schicksal oder Gewohnheit erfahren wurde, in immer noch zunehmendem Maße auf auch anders mögliche Wahloptionen, auf Entscheidungen zugerechnet wird. Die dadurch konstituierte Kontingenzerfahrung führt zu entsprechenden Schwierigkeiten des dann überhaupt noch möglichen Entscheidens. Das gilt etwa für den Wandel des Klimas, für gesundheitliche Folgen von Ernährungsgewohnheiten oder allgemein für Handlungsoptionen in natürlichen Umweltkontexten. Die Selbstbeschreibung der Gesellschaft erfolgt deshalb zunehmend unter Bezugnahme auf die Kategorie des Risikos. Dadurch werden Möglichkeiten, sich auf Erfahrung oder überhaupt auf Vergangenheit zu beziehen, in einem desorientierenden Maße entwertet. Kontingenz der Zukunft und ihre Entscheidungsabhängigkeit in der Gegenwart, dies dramatisiert das ökologische Problem und nicht etwa bloß fehlende Information (Wissen) oder fehlende Übereinstimmung im Handeln (Konsens).

Eine Gesellschaft, die selbst noch die Evolution der inneren Natur des Menschen und die äußere der Gesellschaft als entscheidungsabhängig behandelt, regt die Produktion von Einheit stiftenden Sicherheitssemantiken an. In der „externen" Beobachtung der Gesellschaft als ökologischem Katastrophenzusammenhang und einer demgegenüber selbstreproduktiv geordneten Natur setzen sich solche „inviolate levels" fest. „Eigenwerte" der Kommunikation sind Produkte der rekursiven Beobachtung von Beobachtungen, die im Modus laufender Beschreibung der Gesellschaft in der Gesellschaft Positionen entstehen lassen, die sich auch bei fortgesetzter Beobachtung nicht mehr wesentlich ändern. Es sind gewissermaßen Identitäten auf Zeit (von Foerster 1993), die zwar auf kontingente Weise erzeugt wurden, aber dann eine selbstsubstitutive Ordnung mit beschränkten Möglichkeiten für Alternativen bilden (Luhmann 1993). Im Unterschied zu diesen „Eigenwerten" der Kommunikation sind „inviolate levels" allerdings elementar in dem Sinne, daß sie resistenter gegen Beobachtungsdruck sind: Etwa die Katastrophensemantiken von sozialen Bewegungen oder auch die Deregulierungsoptionen eines „der Natur" gegenüber indifferenten Wirtschaftssystems.

Dieser Zugriff auf die Unterscheidung zwischen Gesellschaft und Natur ist allerdings selbst nur in der Gesellschaft konstruierbar und deshalb gerade nicht „unverletzlich", sondern der beobachtenden Dekonstruktion ausgesetzt. Es gibt keine Abschlußformel für die ökologische Beschreibung der Welt etwa im Kontext der Unterscheidung von Gesellschaft und Natur. Und gerade dies provoziert ganz ungemein: Überall in der Welt regenerieren sich fundamentalistische Deutungssysteme, die man im Kontext des Pragmatismus der Moderne zu sehen hat. Auch daran kann man erkennen, daß sich nichts abschließen läßt: Es entsteht nur ein immer erneuter Unterschied zu dem, was ein Beobachter vorher oder in einer anderen Situation noch als einheitlich angesehen hatte.

Von diesen Bedingungen kann sich offenbar auch die „ökologische Kommunikation" nicht freimachen. Sie produziert einen „inviolate level" um einen Mythos symbolisierter Natur, der auf Intransparenz und ökologisches Nichtwissen mit symbolischer Kommunikation reagiert. Wenn es bei einer symbolischen Einheitsrepräsentation des (ökologischen) Nichtwissens nicht bleiben soll, muß die Sichtweise von vorgängiger Harmonie in der Beziehung von Natur und Gesellschaft ebenfalls als eine kontingente Sichtweise gesehen werden, denn erst so eröffnet man sich die Möglichkeit überhaupt empirisch zu forschen. Sonst bleibt nur die Zelebrierung des Harmoniegedankens. Es gibt andere Mythen, zum Beispiel den einer vorgängig problematischen Beziehung aus der Sicht der staatlichen Bürokratien, die darauf mit Interventionsprogrammen und Technologien reagieren. Damit entfällt zugleich jegliche gesellschaftsexterne Referenz von (ökologischem) Wissen. Wie gelangt man dann aber von der Seite des Wissens zu der des Nichtwissens, beziehungsweise von der symbolischen zur instrumentellen Seite der Kommunikation? Für Fundamentalisten ist dieser Weg versperrt, sie orientieren sich am Unverfügbaren, an Identität. Für Pragmatiker erschließt sich diese Möglichkeit durch eine distanzierte Sicht auf Wissen *und* Nichtwissen, von symbolischer *und* instrumenteller Kommunikation. Symbolische Kommunikation verweist dann auf die eigene Angewiesenheit auf instrumentelle Kommunikation und umgekehrt: Frei flottierende Instrumentalkommunikation gibt es eben auch nicht. Sie wird immer durch symbolisches *framing* gesichert – bis dieses wieder durchbrochen werden kann. Wissen verweist unvermeidlich auf Nichtwissen.

- Man muß also von der Kontingenz *allen* Wissens ausgehen.
- Außerdem muß man von der prinzipiellen *Unabgeschlossenheit* jeglichen Wissens ausgehen.
- Und schließlich ist von der Unvermeidbarkeit der *Simultansteigerung* von Wissen und Nichtwissen auszugehen.

„Inviolate levels“ sind ignorante, allerdings auch „plausible“ Reaktionen auf das Problem, daß es unter modernen Verhältnissen keine Abschlußformel für die Produktion von Wissen gibt. Nichts steht endgültig fest – jedenfalls nicht in der Kommunikation von Wissen.

Damit stellt sich aber die Frage, wie unter Bedingungen der Moderne, der Kontingenz allen Wissens, trotzdem die Gesellschaft in Bezug auf die ökologischen Konsequenzen ihrer Selbstrealisation lernen kann, d.h. mit anderen Worten, sich korrigieren kann? Der Fundamentalismus wird Opfer seiner eigenen Prinzipien, die ihm wenig Änderungsmöglichkeiten lassen, der Pragmatismus ist in Gefahr, seine eigene Vergangenheit zu vergessen und keine Identität festhalten zu können. Lernen scheint im *Prozessieren* dieses Verhältnisses von Redundanz (Identität) und Varietät (Differenz) seine moderne Ausdrucksform zu finden (siehe für Organisationen: Luhmann 1988).

7. Die Relativität der Naturmythen und ihre gesellschaftliche Nicht-Beliebigkeit

Die ökologische Debatte hat endgültig den Naturbegriff pluralisiert. Unter Natur wird in dem unterschiedlichen gesellschaftlichen Kontext höchst Heterogenes verstanden und die Referierung auf Natur bringt durchaus gegensätzliche normative Vorstellungen zu Tage. Schon das Naturrecht hatte mit logisch unverträglichen Maximen das Rechtssystem in Verwirrung gesetzt, so daß der Positivismus das Recht aus allen Bezügen zur Natur herauslösen konnte. Es blieb die These von der Gesellschaftlichkeit des Rechts übrig; das bedeutet, daß das Recht allein durch Entscheidung begründet und legitimiert werden konnte. Alle außergesellschaftlichen Bezüge wurden gekappt oder als Metaphysik denunziert. Die Naturwissenschaften haben im Anschluß an Heisenberg eine beobachterabhängige Theorie der Beschreibung von Natur entwickelt, die das Programm des Auflösens und Rekombinierens der Natur in ihre Elemente praktiziert. Und die Ökosystemforschung versucht über Analogiebildung von natürlichen und künstlichen Rückkoppelungs- und Selbstregulierungsmechanismen zu einer Theorie der Gesellschaft und ihrer Umwelt zu gelangen (Holling 1987, Korab 1991).

Am fortgeschrittensten ist diese polykontexturale Wahrnehmung unterschiedlicher Naturbeobachtungen durch die anthropologische Kultursoziologie. Diese Theorie geht von der Beschreibung des Verhältnisses Natur und Gesellschaft in der Gesellschaft aus und entdeckt in der modernen Gesellschaft vier Möglichkeiten, die Beziehung Gesellschaft und Natur zu erfassen. Die Pluralität der Sichtweisen werden nicht auf die unterschiedliche psychische und kognitive Beschaffenheit der Menschen zurückgeführt, sondern sie werden als gesellschaftlich produzierte soziale Kontexte verstanden. Naturwahrnehmung und Naturdeutung sind in diesem Sinne Bestandteil eines zusammenhängenden Interpretationsrahmens, der eingebunden in Weltdeutungssysteme gesellschaftlicher Gruppen ist (Douglas/Wildavsky 1983).

Strukturiert werden diese institutionalisierten Kontexte durch zwei Variablen: Regelorientierung (grid) und soziale Einbindung (group). Die Regelorientierung beschreibt Regeln und Verhaltensmaßnahmen der Akteure, die fest in der Gesellschaft institutionalisiert sind. Soziale Einbindung bezeichnet die Intensität und soziale Dichte der Interaktion der Akteure. Auf der Basis einer methodischen Kreuztabellierung erhält man vier kulturelle Orientierungs- und Interaktionsmuster, die sowohl universell als auch nicht mehr ineinander auflösbar sind. Man kann gemäß diesem Schema die Naturdebatte analysieren und klassifizieren (Schwarz/Thompson 1990) und entdeckt sogenannte „Mythen der Natur“, d.h. gesellschaftlich gelebte Naturkonzeptionen, an denen sich das Handeln des einzelnen orientiert. Da dies aber in der Gesellschaft geschieht und nicht außerhalb, irgendwo in der Natur, sind diese

Beschreibungen für die Akteure sowohl der kognitive Rahmen, in dem sie die für sie relevanten Probleme identifizieren als auch die Basis, von der sie die Ausblendungen der anderen Mythen kritisieren können. Nur ihr eigener blinder Fleck entgeht ihnen.

In dieser Perspektive ist die Gesellschaft unhintergehbar pluralistisch organisiert. Die Frage, die sich hier anschließt, betrifft das Problem der Sozialität oder wie die Einheit der Gesellschaft in ihrer Pluralität zu denken ist. Die Kulturtheorie argumentiert hier mit Außenbeziehungen, so als ob sie gleichzeitig die Gesellschaft von außen und innen beobachten könnte. Obwohl es gesellschaftlich erzeugte Beschreibungen sind und sie auch noch differieren, werden ihnen doch repräsentationale Funktionen zugeschrieben. Sie machen etwas jenseits der Gesellschaft sichtbar: Natur. Aber eben gesellschaftlich vermittelt. Will man sich auch noch dieser Paradoxie des Eingeschlossen/ Ausgeschlossen entziehen, kommt man zu der These der Eigenwerte. Heinz von Foerster und vor allem Luhmann haben – angelehnt an die Mathematik – eine Theorie temporärer Identitäten entwickelt.

Wenn die Selbstbeschreibung der Gesellschaft und die Beobachtung der Natur nur noch in der rekursiven Beschreibung von Beschreibungen oder Beobachtungen von Beobachtungen besteht und gewissermaßen auch keine externen Repräsentationen einer doch nicht erkennbaren Realität möglich ist, so löst sich die pluralistische und polykontexturale Welt doch nicht in Beliebigkeit auf, sondern es entstehen Identitäten, die aber ihre Selektivität und Kontingenz wie ein Kainsmal mit in ihrem Konstitutionsprozeß eingraviert haben.

Um diesen Gedanken plausibel zu machen, verweist Luhmann auf die Mathematik: „Für eine Auflösung dieses Rätsels könnte sich der aus der mathematischen Logik stammende Begriff des ‘Eigenverhaltens’ eignen. Er bezeichnet eine im rekursiven Verfahren sich einstellende Stabilität“ (1997, S. 218). Die Beobachtung von Beobachtungen führt zu nichtbeliebigen Zuständen und erzeugt strukturierte Anschlüsse. Rekursive Kommunikation ist ein operatives Beobachten von Beobachtungen, durch das Sinn konditioniert und konfirmiert wird. Um der Beliebigkeit von Kommunikation zu entrinnen, muß man nicht eine handlungsnotwendige Intentionalität (Searle) unterstellen oder wie Habermas ein Telos der Sprache beschwören, das auf Verständigung zielt (Habermas 1985). Statt dessen reicht es auch, den autopoietischen Prozeß der Kommunikation am Leben zu erhalten. Das Übrige ergibt sich aus den kommunikativen Akten selbst. Damit sind aber weitreichende theoretische Implikationen gemacht, die hier nicht mehr ausgeführt werden können. Eine Ahnung davon gibt Luhmann, wenn er schreibt:

„Auch wenn die Selbstbeschreibung der Gesellschaft sich nur noch aus einem rekursiven Netzwerk der Beobachtung von Beobachtungen oder der Beschreibung von Beschreibungen speist, wäre zu erwarten, daß sich beim Betrieb dieser Operationen Eigenwerte ergeben, daß heißt Positionen, die

sich bei weiterem Beobachten des Beobachtens nicht mehr verändern, sondern stabil bleiben. Diese Eigenwerte sind in der modernen Gesellschaft jedoch nicht mehr Gegenstände der unmittelbaren Beobachtung. Sie können nicht als Identität von Dingen vorgestellt werden, die ja ein anderer Beobachter immer auch anders sehen kann. Ebensowenig findet man sie in letzten (vernünftig begründbaren) normativen Postulaten; denn auch die Aufstellung solcher Postulate läßt immer die kritische Frage eines weiteren Beobachters zu: Wer sagt das?, Wessen Interesse dienen sie?, Wer hat sie nötig?. Im 19. Jahrhundert hatte man zwar den Naturbegriff durch die Unterscheidung von Sein und Geltung gesprengt. Aber diese Unterscheidung hilft in unserem Falle nicht weiter, denn in beiden Bereichen finden wir uns mit der Erfahrung konfrontiert, daß auf der Ebene der Beobachtung zweiter Ordnung alle Aussagen kontingent werden. Das legt die Vermutung nahe, daß die Eigenwerte der modernen Gesellschaft in der Modalform der Kontingenz formuliert sein müssen.

Was bleibt, ist ein Minimum an ‚negentropischer' Ordnung, daß heißt eine Ordnung mit gebundenen Alternativen. Ihre Eigenwerte findet man in ‚Stellen' oder auch in ‚Funktionen', die immer auch anders besetzt, aber eben nicht beliebig anders besetzt sein können. Stabilität wird dann dadurch gewährleistet, daß für alles, was wir vorfinden, nur begrenzte Ersatzmöglichkeiten in Betracht kommen. Entsprechend fällt es schwer, sich unsere Gesellschaft ohne Staat, ohne Recht, ohne Geld, ohne Forschung, ohne Massenkommunikation vorzustellen. Funktionen mit dieser Reichweite begründen selbstsubstitutive Ordnungen. Und erst recht ist es schwierig, sich eine Gesellschaftsordnung ganz ohne ausdifferenzierte Funktionssysteme vorzustellen, daß heißt: für die Funktion funktionaler Differenzierung eine Alternative zu finden" (Luhmann 1992, S. 46f.).

Literatur

Adam, Barbara (1993), Time and Environmental Crisis: An Exploration with Special Reference to Pollution, in: Innovation 6, H. 4, S. 399-413

Altner, Günter (1993), Perspektiven für eine ökologische Weltkultur im Widerspruch zwischen Anthropozentrik und Biozentrik, in: Landeshauptstadt Stuttgart, Kulturamt (Hrsg.), Zum Naturbegriff der Gegenwart, Bd.1, Stuttgart-Bad Cannstatt

Baecker, Dirk (1989), Rationalität oder Risiko, in: Glagow, Manfred/Wilke, Helmut/Wiesenthal, Helmuth (Hrsg.), Gesellschaftliche Steuerungsrationalität und partikuläre Handlungsstrategien, Pfaffenweiler, Centaurus-Verlags-Ges., S. 31-54

Bechmann, Gotthard (1993), Risiko als Schlüsselbegriff der Gesellschaftstheorie, in: ders. (Hrsg.), Risiko und Gesellschaft. Grundlagen und Ergebnisse interdisziplinärer Risikoforschung, Opladen, Westdeutscher Verlag, S. 237-276

Bechmann, Gotthard/Frederichs, Günther (1997), Umweltforschung zwischen Erkenntnis und Organisation, Manuskript Karlsruhe

Bechmann, Gotthard/Gloede, Fritz (1993), TA – Gegen seine Liebhaber verteidigt – eine Sammelrezension in systematischer Absicht, in: TA-Datenbank-Nachrichten, H. 2, S. 22-29

Blumenberg, Hans (1951): Das Verhältnis von Natur und Technik als philosophisches Problem, in: Studium Generale 4, S. 461-467

Böhme, G. (1992), Die Aktualität der Naturphilosophie, in: ders., Natürlich Natur – Über Natur im Zeitalter ihrer technischen Reproduzierbarkeit, Frankfurt a.M., Suhrkamp, S. 29-43

Böhme, G. (1995), Naturzerstörung – Naturgestaltung, in: Politische Ökologie, H. 43, S. 16-18

Douglas, Mary/Wildavsky, Aaron (1983), Risk and Culture, Berkeley, University of California Press

Durkheim, Emile (1930/1977), Über die soziale Arbeitsteilung, Frankfurt a.M., Suhrkamp

Fleming, Gerhard (1988), Wurzeln der New Conservation-Bewegung, in: Sieferle, Rolf Peter (Hrsg.), Fortschritte der Naturzerstörung, Frankfurt a.M., Suhrkamp, S. 216-306

Foerster, Heinz von (1993), Gegenstände: greifbare Symbole für (Eigen-)Verhalten, in: ders., Wissen und Gewissen: Versuch einer Brücke, Frankfurt a.M., Suhrkamp

Fuchs, Peter (1992), Die Erreichbarkeit der Gesellschaft. Zur Konstruktion und Imagination gesellschaftlicher Einheit, Frankfurt a.M., Suhrkamp

Grunwald, Arnim (1997), Kulturalistische Planungstheorie, in: Hartmann, Dirk/Janich, Peter (Hrsg.), Methodischer Kulturalismus, Frankfurt a.M., Suhrkamp, S. 315-345

Habermas, Jürgen (1985), Der normative Gehalt der Moderne, in: ders., Der philosophische Diskurs der Moderne. Zwölf Vorlesungen, Frankfurt a.M., Suhrkamp, S. 206-306

Halfmann, Jost (1995), Kausale Simplifikationen. Grundlagenprobleme einer Soziologie der Technik, in: Technik und Gesellschaft, Jahrbuch 8: Theoriebausteine der Techniksoziologie, Frankfurt a.M./New York, Campus, S. 211-226

Halfmann, Jost (1996), Die gesellschaftliche „Natur" der Technik, Opladen, Leske + Budrich

Hayek, Friedrich A. (1969), Freiburger Studien, Tübingen, Mohr

Heidegger, Martin (1967), Die Frage nach der Technik, in: ders., Vorträge und Aufsätze, Pfullingen, Günther Neske, 3.Aufl., S. 5-36

Heisenberg, Werner (1955), Das Naturbild der heutigen Physik, Hamburg, Rowohlt

Holling, C. S. (1987), Simplifying the complex: the paradigms of ecological function and structure, in: European Journal of Operations Research, Vol. 30, pp. 139-146

Kahn, Helmut (1973), Das alte Island, Düsseldorf

Ilting, Karl-Heinz (1978), Naturrecht, in: Brunner, Otto/Conze, Werner/Koselleck, Reinhart (Hrsg.), Geschichtliche Grundbegriffe, Band 4, Stuttgart, Klett-Cotta, S. 245-314

Jäger, Willi (1992), Simulation und Natur. Die mathematisch gedeutete Natur, in: Honnefelder, Ludger (Hrsg.), Natur als Gegenstand der Wissenschaften, Freiburg/München, Alber

Janich, Peter (1992), Die Grenzen der Naturwissenschaften, München

Japp, Klaus Peter/Krohn, Wolfgang (1996), Soziale Systeme und ihre ökologischen Selbstbeschreibungen, in: Zeitschrift für Soziologie 25, H. 3, S. 207-222

Korab, R. (1991): Ökologische Orientierungen: Naturwahrnehmung als sozialer Prozeß, in: Pellert, A. (Hrsg.), Vernetzung und Widerspruch, München/Wien, Prohl, S. 299-342

Krohn, Wolfgang (1989), Die Verschiedenheit der Technik und die Einheit der Techniksoziologie, in: Weingart, P. (Hrsg.), Technik als sozialer Prozeß, Frankfurt a.M., Suhrkamp, S. 15-43

Luhmann, Niklas (1988), Organisation, in: Küpper, Willi/Ortmann, Günther (Hrsg.), Mikropolitik, Opladen, Westdeutscher Verlag

Luhmann, Niklas (1990), Haltlose Komplexität, in: ders., Soziologische Aufklärung 5, Opladen, Westdeutscher Verlag, S. 59-76

Luhmann, Niklas (1991), Verständigung über Risiken und Gefahren, in: Die politische Meinung 36, S. 86-95

Luhmann, Niklas (1992), Kontingenz als Eigenwert der modernen Gesellschaft, in: ders., Beobachtungen der Moderne, Opladen, Westdeutscher Verlag

Luhmann, Niklas (1993), Gibt es in unserer Gesellschaft noch unverzichtbare Normen?, Heidelberg, C.F. Müller

Luhmann, Niklas (1997), Die Gesellschaft der Gesellschaft, Bd. 2, Frankfurt a.M., Suhrkamp

Moscovici, Serge (1984), Versuch über die Geschichte der menschlichen Natur, Frankfurt a.M., Suhrkamp

Rammert, Werner (1993), Wer oder was steuert den technischen Fortschritt? Technischer Wandel zwischen Steuerung und Evolution, in: ders., Technik aus soziologischer Perspektive, Opladen, Westdeutscher Verlag, S. 151-177

Schwarz, Miechiel/Thompson, Michael (1990), Divided we Stand. Redefining Politics, Technology and Social Choice, Philadelphia, University of Pennsylvania Press

Thompson, Michael/Ellis, Richard/Wildavsky, Aaron (1990), Cultural Theory, Boulder et al., Westview Press

Trepl, Ludwig (1987), Geschichte der Ökologie. Vom 17. Jahrhundert bis zur Gegenwart, Frankfurt a.M., Beltz Athenäum

Technische Zivilisation als Thema

Michael Daxner

Das Dilemma des Wissenschaftsstandorts Deutschland

Kaum ein Bereich ist derart von Rhetorik bestimmt wie der wissenschaftlich-technologische und der wissenschaftlich-kulturelle Sektor der Bundesrepublik Deutschland, überhaupt nach der Vereinigung der beiden deutschen Staaten. Die Rekurse auf ideologische Felder sind derart zahlreich und miteinander vernetzt, daß man allein damit einen Beitrag füllen könnte um definitorisch eine einigermaßen solide Grundlage für Analysen und Diagnosen zu bekommen. Die nationale Rhetorik erfüllt zur Zeit die Funktion, Identitäten zu substituieren und politische Machtansprüche des neuen Deutschlands innerhalb der Europäischen Gemeinschaft und des globalen Mächtepolygons zu markieren. Die ästhetischen Komponenten dieser Rhetorik sind erheblich, hier sollte man von Standortlyrik sprechen, die historischen Komponenten halten in aller Regel keiner Faktenprüfung stand, und die systemischen und organisatorischen Verknüpfungen des Wissenschaftsbereichs mit der Gesellschaftspolitik sind vage. Nun ist in der Begründung dieser plakativen Kritik bereits das erste Dilemma der deutschen Wissenschafts- und Technologiepolitik enthalten: Wenn diese plakativen Behauptungen auch nur einigermaßen zutreffen, dann stützen sie meine erste Hypothese: Es gibt keine konsistente Wissenschafts-, Forschungs- und Technologiepolitik in der Bundesrepublik Deutschland. Unter konsistenter Politik verstehe ich durchsetzungsfähige Planungen und rationale, gesellschaftlich vermittelbare Ziele, umgesetzt von einer durchsetzungswilligen und machtbewußten, in unserem Gesellschaftssystem demokratisch legitimierten Führung, einschließlich ihrer dazu nötigen Bürokratie (im Sinne Max Webers). Auf den ersten Blick erscheint diese Behauptung paradox, schneidet Deutschland doch alles in allem im internationalen Vergleich der industrialisierten und mit großen Wissenschaftssystemen ausgestatteten Staaten gar nicht schlecht ab: Zwar ist unsere Patentbilanz nicht berauschend, aber das Innovationspotential, die Anzahl der Nobelpreise, die Dichte des wissenschaftlichen Ausbildungssystems, die Grundausstattung für Forschung und Entwicklung, um einige Indikatoren zu nennen, halten sich durchaus im oberen Drittel der vergleichbaren Nationen. Bei etwas genauerem Hinsehen ist die Abwesenheit von Politik vor allem dadurch markiert, daß eigentlich nach 1945 die meisten der vorhandenen Strukturen überwiegend durch das Steuerungsmittel Geld quantitativ expandiert oder reduziert wurden. Und das sagt einiges über das Verständnis der politischen Klasse aus, wie weit die Struktur eines nationalen Wissenschaftssystems in Ordnung sei oder nicht. Ein scheinbar nebensächlicher Indikator besteht schlicht darin, daß das Verhältnis von staatlicher Forschungsleistung und der Forschungsleistung der Wirtschaft über Jahrzehnte konstant blieb, nur die absoluten Summen sind angestiegen. In jedem politischen System, in dem Handlungsbedarf gesehen würde, müßte man irgendwelche Spuren von grundsätzlichen Eingriffen an diesem Verhältnis wahrnehmen können. Nun könnte es ja sein, daß die Grundstruktur der deutschen Wissenschaftslandschaft tatsächlich so solide und funktionstüchtig ist, daß man, bis auf kleine Reparaturen, nichts ändern müßte. Aber schon allein die Vorstellung, daß es so sein könnte, verbietet sich bei einer Betrachtung der Ausgangssituation 1945, erst recht bei der Teilung in zwei deutsche Staaten und noch viel mehr bei ihrer Wiederzusammenführung 1989 und danach. Aus der Sicht der westdeutschen Siegermacht in Ansehung ihrer behaupteten und wohl auch begründbaren neuen, verantwortungsvolleren Position im globalen Mächtespiel ergeben sich hier natürlich feine politisch-psychologische Begrenzungen: Deutschland ist mittlerweile die bevölkerungsreichste und wirtschaftlich mit Abstand stärkste Macht im neuen Europa, im Vergleich zu den meisten anderen Ländern sind die Funktionstüchtigkeit und Ausstattung der großen gesellschaftlichen Dienstleistungsbereiche noch nicht moribund geschädigt, der hegemoniale Anspruch innerhalb der europäischen Union und innerhalb eines noch zu bezeichnenden größeren europäischen Raumes wird vielfach anerkannt und selbst von den stärksten Partnern und Verbündeten nicht öffentlich bestritten. Auch ist die alte westdeutsche Ausflucht, man sei Wirtschaftsriese und politischer Zwerg, längst Vergangenheit. Auf der anderen Seite ist die Erinnerung an die schändliche deutsche Rolle bei der Zerstörung des alten Europa, beim Genozid an den Juden und bei der Provokation des zweiten Weltkrieges so lebendig, daß es praktisch keinen politischen Akt gibt, bei dem diese Erinnerung nicht ihre ganz realen Aspekte einbringen könnte: Was im Falle des Jugoslawienkonflikts evident ist, hat weit kompliziertere Verwurzelungen im Falle der Gentechnologie oder der Kernkraft. Angesichts der Rolle, die die Wissenschaft für den Faschismus und Nationalsozialismus gespielt hatte, ist es zwar hinlänglich erklärt, aber heute noch unverständlich, warum das Grundmodell des deutschen Wissenschaftssystems sich fast keiner kritischen Überprüfung stellen mußte – bis auf die entscheidende Zäsur der späten 60er und frühen 70er Jahre, und diese haben gerade am System sehr wenig geändert, wenn auch in allen anderen Bereichen von Wissenschaft und Forschung. Die Rhetorik wäre heute noch geneigt, unter einem unhaltbaren Rekurs auf Humboldt, die Universitäten für im Kern gesund zu erklären. Sie könnte das in Europa wirklich einmal gut funktionierende System einer überwiegend selbst regulierten, von Wissenschaft gesteuerten öffentlichen Forschungsförderung ins Treffen führen, und sie fände noch immer hinlänglich plausible Begründungen für die Arbeitsteilung zwischen universitärer Forschung, außeruniversitärer staatlicher Forschung und den privaten Sektoren von Forschung und Entwicklung. Aber damit verträgt sich die bis in die Laienkultur vorgedrungene Kritik am gesamten Wissenschafts- und Technologiesystem der Republik schlecht. Durch den praktischen Kauf des ostdeutschen Staates hat Westdeutschland das erste Mal in seiner Erfolgsgeschichte erkennen müssen, daß innenpolitische, ökonomische und soziale Probleme Schwächen und Insuffizienzen im internationalen Kontext offenlegen, sichtbar machen und vor allem für die eigene Wahrnehmung nicht mehr verdrängbar machen. Natürlich wußten wir seit Jahrzehnten, daß die Kreativität der deutschen Wissenschaft recht hoch sei, daß aber die Diffusionsprozesse in Wirtschaft, Entwicklung von neuen Produkten und die Herstellung nachhaltiger Strukturen ausgesprochen langsam und unvollkommen vor sich gingen. Wie weit Politik, die ihre Ziele kennt, auf die wissenschaftliche Zukunftsgestaltung der Gesellschaft angewiesen ist, ist umstritten. Die Vorstellung einer unmittelbaren Umsetzung von wissenschaftlicher Politikberatung in reale Maßnahmen konnte noch im Gefolge der kritischen Wissenschaft von 1968 als „fortschrittsgebundene" Strategie gefordert werden. Mit dem Legitimationsverlust der wissenschaftlichen Politikberatung ist auch die Vorstellung von dieser Unmittelbarkeit verloren gegangen; die Umkehrung der Frage ist allerdings nicht trivial: Wenn zielbewußte Politik auf wissenschaftliche Beiträge zur Strukturierung ihrer Handlungen *nicht* angewiesen ist, dann wird die Frage der Transmission intellektuellen „Vorauseilens" noch schwieriger zu beantworten sein. Es würde reizen, hier die Grundlagen der von Gramsci gelegten Theorie von der Zivilgesellschaft und der kulturellen Hegemonie anzuwenden, aber das würde uns zu sehr von der Hauptargumentation abführen. Interessant ist für uns vielmehr, daß ein sehr hoch entwickeltes und beratungsbereites Wissenschaftssystem offensichtlich nur sehr punktuell dort in Anspruch genommen wurde, wo man sich die wichtigste Reform erhoffen durfte: An der Nahtstelle zwischen „Standortpolitik" und langfristiger Forschungsplanung. Daß die Situation durch die deutsche Vereinigung noch komplizierter geworden ist, zeigt sich in diesem Bereich immer dann, wenn auf die verfehlte „Planwirtschaft" der ehemaligen DDR eingegangen wird, bei der augenscheinlich die umgekehrte Vorgehensweise zu beachtlichen Mißerfolgen geführt hatte. Allerdings nicht, weil der wissenschaftlichen Fundierung von handlungsrelevanter Planung ein so hohes Gewicht eingeräumt wurde, sondern weil diese Planung sich auf ziemlich irrationale „historische Gesetzmäßigkeiten" wohl des marxistischen Typus gestützt hatte. Diese Erkenntnis war nicht neu, wurde aber gegen die Vorzüge des deutschen Systems und die überragende, zeitweilig auch gut ausgestattete Grundlagenforschung gegengerechnet. Als aber in den letzten Jahren der konservativrechtsliberalen Regierung die Standortfrage zu einem Instrument auch der sozialen und kulturellen Veränderung wurde und damit an Bedeutung gewann, mußten diese längst bekannten Einsichten an politischem Gewicht gewinnen.

Editorischer Exkurs: Es wäre eine Irreführung der Leser, ab dieser Textstelle den Vortrag in der Form wiederzugeben, in der er im Rahmen der Ringvorlesung gehalten wurde. Die hochschul- und forschungspolitische Situation hat sich seit damals erheblich geändert, und gerade die Parameter der Änderung sind das, was ich damals gefordert habe und heute nur höchst unvollständig eingelöst sehe. Die damaligen Positionen zur Einschätzung der Situation sind am besten in einigen bereits veröffentlichten Büchern und Aufsätzen zusammengefaßt, die ich denjenigen Lesern empfehle, für die die historische Dimension von größerer Bedeutung ist.[1]

Es gibt eine erstaunliche Repolitisierung im Bereich der Wissenschafts- und Hochschulpolitik, die aber gleichwohl nur scheinbar der These von der Abwesenheit der Hochschulpolitik widerspricht. Eine Analyse dieser Repolitisierung zeigt, daß es um eine Reihe von Substituten geht, die selbst allerdings hoch interessant für die gesellschaftspolitische Entwicklung der nächsten Zeit sind. Waren noch 1993 mit dem Beschluß der Finanzministerkonferenz und dem Eckwertepapier die Entpolitisierung ausschließlich unter das Diktat der knappen Kassen geordnet, so treten als neue Komponenten eine ausgeweitete Standortphilosophie und die Faszination gegenüber den Phänomenen der Globalisierung hinzu. Daraus entsteht ein Gemisch, das mehrere hochpolitische Ausprägungen erfährt, die aber für sich genommen weder Breitenwirkung zeigen noch bereits jetzt die Grundlagen von Regierung und Machtkonstellationen verändern. Meine Voraussage ist allerdings, daß sie dies in absehbarer Zeit sehr wohl tun werden, und daß das sekundäre Politisierungspotential des Wissenschaftsbereichs durchaus mit dem vergleichbar ist, das zwischen dem Sputnikschock 1957 und dem OECD-Bericht 1963 wirksam wurde.

Zunächst zur Standortphilosophie. Richtig an der Argumentation, vor allem des Bundeswirtschaftsministers, in der Standortdiskussion ist die Annahme, daß die Transferleistung aus Wissenschaft und Technologie in innovative Techniklinien und angewandte wissenschaftliche Entwicklung mitbestimmend für den Rangplatz im internationalen Wettbewerb sein würde. Obwohl es sich hier um eine fast tautologische und jedenfalls triviale Feststellung handelt, ist sie durch das „nicht utilitaristische" Selbstverständnis der deutschen Hochschulen einerseits, und eine relativ eng geführte Innovationspolitik andererseits, in den 80er Jahren an den hochschulpolitischen Weichenstellungen vorbeigegangen. Das hat dazu geführt, daß dem altbekannten Klagelied der Wirtschaft, die Hochschule sei zu wenig innovativ und bilde die falschen Qualifikationen aus, keine nachhaltige Richtigstellung entgegengesetzt

1 vgl. Michael Daxner, Die Wiederherstellung der Hochschule, Köln 1993

werden konnte, sondern hier eine Defensivposition bezogen wurde; andererseits hat es den Trend verstärkt, die Zentralität der Hochschule als staatlich koordinierten Ort gesellschaftlicher Produktion von Innovation, Kritik und nachhaltigem Wissen weiter auszuhöhlen. Die Argumente hierzu wurden leichtfertig aus einer internationalen Diskussion gezogen, in der Managerialismus, Stakeholder-Value und Indikatorsteuerung als Heilmittel für die Hochschulkrise erprobt bzw. übernommen werden sollten.[2] Die gänzlich anders gearteten gesellschaftlichen und sozialen Grundlagen dieser vor allem westeuropäisch-angelsächsisch beeinflußten Entwicklung wurden nicht mitreflektiert. Die Folgen dieser Diskussion waren dreifach:

1. das Hochschulsystem wurde noch stärker vom übergeordneten Wissenschaftssystem abgehängt;
2. es wurde der Dichotomie innerhalb der Hochschule, einer zeitlichen Verlängerung des Bildungssystems bis zum akademischen Abschluß einerseits, andererseits der Intrusion durch das Wirtschafts- und Sozialsystem im Bereich von Forschung und Entwicklung, Vorschub geleistet;
3. über die Stakeholder-Diskussion wurde dem ökonomisierenden Primat der Handlungsstrategien nun auch noch theoretische Legitimation erteilt.

Die Umkehr dieser Entwicklungen würde die möglichen Perspektiven eröffnet haben, nämlich über einen politischen Primat die Standortdiskussion aus dem Gefängnis kurzfristiger Wettbewerbsüberlegungen zu befreien. Das wäre deshalb schon so nötig, weil ja dem Standortwettbewerb innerhalb der EU und dem Wettbewerb zwischen den großen Blöcken EU, Japan, USA und „Tigers" eine andere Standortdimension entgegensetzt hätte werden können, nämlich die Innovationsbedürftigkeit in all den Bereichen, in denen es nicht um die Arbeits- und Stücklohnkosten, sondern die Produktionsbedingungen selbst, also Sozialität, Kommunikationsdichte, Netzwerkfähigkeit usw. geht. Das hätte die Standortdiskussion auch aus einer Engführung zwischen den Sozialpartnern herausgeführt und die Ansprüche an die Hochschulen präziser werden lassen.

Auch das zweite Phänomen (Globalisierung) hätte in seiner Negation einen erheblichen Beitrag zu einer vernünftigen Strukturierung neuer Hochschulpolitik leisten können: Zunächst muß man ja fragen, ob es gesellschaftspolitisch und institutionell überhaupt richtig ist, in der Hochschule die letzte Stufe eines Bildungssystems zu sehen. Ob nicht gerade das Fehlen eines Erziehungsauftrages gegenüber der Wissenschaft es viel plausibler machte, daß wir hier ein kulturstaatliches und mit starken Bildungselementen versehenes Konstrukt des Kultur- und Sozialstaates haben, einschließlich der konstitutiven Eigenschaft von Hochschulen, Akteure im Wirtschaftsgeschehen, Agen-

2 Exemplarisch hierfür sind Teile der neuesten Diskussion um die Hochschulreform in Bayern anzuführen.

turen (nicht Agenten) der Innovationspolitik und Marktantizipatoren zu sein. Wie weit diese Dichotomie eine Entsprechung in der Mikrosoziologie der einzelnen Hochschule hat, ist vergleichsweise uninteressant gegenüber den Konsequenzen aus dieser These für die Anforderungen an eine nachhaltige und gesellschaftlich legitimierte Hochschulfinanzierung und die Wechselwirkung mit der hochschulfreien Forschung und Entwicklung bzw. Weiterbildung.

Das Dilemma des Wissenschaftsstandorts ist durch eine Reihe von dualen Polaritäten bestimmt, die zum Teil auf einer unglaublich trivialen Ebene formuliert werden. Der gängigste Konflikt findet sich in der Aussage, daß sich das deutsche Wissenschafts- und Hochschulsystem als außergewöhnlich leistungsfähig erwiesen hat, aber eben bei weitem nicht genug leistet. Möglicherweise schon gar nicht das richtige. Gerade weil diese Aussage empirisch sehr genau und im Detail belegbar ist, führt sie zu absurden ideologischen Auseinandersetzungen. Die Bedingungen der Leistungsfähigkeit müßten nämlich etwa im Bereich der Grundsätze von Hochschulfinanzierung und Organisationsreform nachhaltige Veränderungen nach sich ziehen, die im Bereich der schlechten „Performanz" von Teilsektoren des Systems auf den erbitterten Widerstand der dort privilegierten Besitzstandwahrer stoßen, die die Gesamtanalyse in eine ungerechtfertigte Pauschalkritik umformulieren, gegen die sie sich dann im Namen des Gesamtsystems zur Wehr setzen, weshalb die Bedingungen zum Erhalt der Leistungsfähigkeit nicht geschaffen werden. Das ist der eigentliche Hintergrund der Gespensterdiskussion um die sogenannte „Professorenschelte", und es ist ein bemerkenswertes Zeichen, daß hier zwischen den Kritikern des deutschen Professoriats auf Seite der Hochschulforschung und den Hochschulpolitikern aller Parteien relative Einmütigkeit darüber besteht, daß sich die Traumwelt der deutschen Ordinarien selbst dann nicht wiederherstellen lassen wird, wenn die Strukturen der Gruppenuniversität sich in Erosion befinden. Dabei wären die Vorschläge zu einer Reform der Personalstruktur, die mit großer Detailierung und Umsetzungsbereitschaft auf dem Tisch liegen, ein Prüfstein für die Ernsthaftigkeit der Politik, hier gegen Partikularinteressen erfolgreich zu handeln und sich sogar höhere öffentliche Legitimation für eine stärkere Unterstützung und wohl auch Finanzierung des Hochschulbereichs zu suchen. Eine andere Polarisierung mit negativem Effekt ist das Problem der Internationalisierung: Es ist eine gut belegbare Tatsache, daß die Attraktivität der deutschen Hochschulen für ausländische Studierende vor allem bei individuell gestalteten Auslandsstudien sinkt (das gilt nicht für sogenannte „Programmstudenten" etwa im Rahmen von Erasmus). Die Ursachen dieser nachlassenden Attraktivität sind sehr genau feststellbar und reichen von schlechter Betreuung, unzureichender Beratung, unstrukturierten Lehrangeboten bis zu speziellen Problemen im sozialen und kulturellen Umfeld. Gleichzeitig verzeichnen etwa die USA einen drastischen Rückgang der auf Deutschland bezogenen

Lehr- und Forschungsbereiche,[3] teilweise mit einem Rückgang der beteiligten amerikanischen Studierenden um 25 %. Die Angelegenheit ist bis auf die Ebene des Bundesaußenministers hochstilisiert worden, Minister Kinkel hielt der Hochschulrektorenkonferenz eine Standpauke. Gleichzeitig werden die für das Vorfeld der Auslandsattraktivität unerläßlich hilfreichen Goethe-Institute reihenweise geschlossen, die 18. Bafög-Novelle bestraft Auslandsaufenthalte deutscher Studierender, die Ausstattung der Internationalen Abteilungen unserer Hochschulen ist, bis auf Ausnahmefälle, unterhalb des durchschnittlichen europäischen Niveaus. In den Hochschulen selbst ist für diese internationale Problematik keine Unterstützung zu gewinnen, die Engagierten fahren erfolgreiche Kooperation und Internationalisierung quasi gegen die internalisierende Abschottungspolitik einer Mehrheit vom Fachbereich. Derartige paradoxe Widersprüchlichkeiten finden sich reihenweise. Ähnliche Widersprüche sind im Bereich der Forschung,[4] im Bereich der Organisation und in der Hochschulstruktur auszumachen.

Die leitende Eingangsthese lautete, daß es keine konsistente Wissenschaftsforschungs- und Technologiepolitik in der Bundesrepublik Deutschland gäbe. Was besagt die „Abwesenheit" von Politik zu einem Zeitpunkt, da eine anscheinend expandierende „Politisierung" die Situation grundlegend zu verändern scheint? Die Diskussion um Bafög 1996 hat ganz maßgeblich neuralgische Bereiche der Gesellschaftspolitik, bis hinein ins Familiensteuerrecht und die Finanzierungsgrundlagen der Hochschulen offengelegt; in der Diskussion zur Abwehr von Studiengebühren spielte es am Ende kaum mehr eine Rolle, ob die Hochschulen und Wissenschaftsorganisationen nun deren Einführung fordern oder nicht, die Einsicht der meisten Landesregierungen und der Bundesregierung, daß unser System keine derartigen Gebühren „verträgt", hat mehr politische Bedeutung als die Konsequenzen einer „gesamtgesellschaftlichen Resolution" gegen das Festschreiben des Klientenstatus der Studierenden. Die Ernsthaftigkeit, mit der vor allem neue Leitungsstrukturen in der Verantwortung von Hochschulen *und* öffentlichen „Stake-Holders" anvisiert werden, überrascht angesichts der Tatsache, daß dieser Bereich bislang fast so tabuisiert wie die Position des deutschen Professoriats war. Nur in der Personalstruktur scheint sich überhaupt nichts zu bewegen, weil hier die Privilegien, Besitzstände und Disfunktionalitäten des Gesamtsystems eine tiefgestaffelte Blockade bewirken. Aber auch hier zeigen sich Haarrisse, wie die gewundenen Erklärungen des Wissenschaftsrats zum Beibehalten der

---

3 Dies ist übrigens nicht nur auf das Verschwinden von Forschung zur DDR zurückzuführen.

4 vgl. Wissenschaftsrat, Thesen zur Forschung an Hochschulen, Magdeburg, 1996. Der Wissenschaftsrat weist hier besonders auf die im internationalen Vergleich rückläufigen Forschungsausgaben als Anteil am BIP hin. Weiter sieht er die Gefahr, daß Hochschulen unattraktiver für Drittmittelgeber sind, da aufgrund unzureichender Grundausstattung und Personaldecke die Drittmittel für Ersatzbeschaffungen oder Lehre zweckentfremdet werden.

Habilitation[5] und die vielfältigen Attacken einzelner Bundesländer auf die einheitlichen Aufgabenzuweisungen bezeugen. Das bewirkt Politisierung in dem Sinne, daß Ängste, Hoffnungen, Erwartungen und Spekulationen der individuellen Selbstbezüglichkeit entwachsen und sich in Form subjektiver Einschätzungen auf das Gesamtsystem konzentrieren. Nun ist aber diese Politisierung in einer seltsamen Virtualität befangen, weil sie nämlich so gut wie keine realen Umsetzungen erfährt, vielleicht mit Ausnahme des Evaluationsbereichs. Es ist durchaus unpolitisch, daß weit mehr als 80% des Reformkatalogs im Spektrum zwischen Grünen und der CSU weitgehend unbestritten sind, und die restlichen 20 % kompromißfähig erscheinen, während keine Partei, keine Regierung, kaum eine Hochschulleitung tatsächlich handelt. Schon das Fehlen einer glaubwürdigen und mit Macht legitimierten Moderation in diesem vielschichtigen Prozeß schwächt die politische Basis der Reformen. Bestimmte Bereiche werden in einer Art Vogel-Strauß-Mentalität ausgeblendet, etwa die abnehmende europäische Kompatibilität und die geringe Attraktivität des deutschen Modells im Wettkampf um Modellmärkte in Zentral- und Osteuropa. Das erklärt sich nicht von selbst, oder aus einer allgemeinen Politikmüdigkeit. Vielmehr hat die Schwäche des politischen Handlungsfeldes ganz reale Grundlagen, die teilweise sehr weit zurückdatieren. Da ist zunächst einmal das republikanische Defizit, weil Hochschulen auch nach 1945, trotz aller Modifikationen erst durch die Besatzung, und dann durch die bürgerlich-demokratische Selbstbesinnung doch nicht in einer Weise Gegenstand des öffentlichen Diskurses wurden, wie sie es zum Beispiel in den USA und teilweise in England oder den Niederlanden sind; dazu kommt, daß der Übergang in die tertiäre Massenausbildung erst relativ spät erfolgte, und zum Zeitpunkt seiner größten Wirksamkeit begann, durch Unterfinanzierung und Organisationsschwächen zu einem Gegenstand permanenten Mißmuts und einer Kritik zu werden, die dem tatsächlichen sozialen und wirtschaftlichen Erfolg in keiner Weise gerecht wird und auch die wissenschaftliche Leistungsfähigkeit grob unterschätzt; ein weiteres Moment der Verunsicherung und damit gehemmter Politikfähigkeit kommt aus der Tatsache, daß sich der Diskurs der Risikogesellschaft nicht eigentlich in den politischen Konzeptionen der politischen Klasse umsetzt, selbst wenn dort Zukunftsoptionen eröffnet werden. Es ist fast lächerlich, wenn sich der Kampf auf der rhetorischen Ebene mit wechselseitiger Abwertung zwischen Utopisten und Bedenkenträgern abspielt. Daß es sich im Bereich der nachhaltigen Innovationen um hochkomplizierte und heterogene Risikobereiche handelt, wird in der Wissenschaft längst differenziert abgehandelt (Beck, Halfmann, E. Becker usw.), wird aber in der Politik meist kurzschlüssig auf ökonomische Wettbewerbsbedingungen reduziert. Auch alternative Ansätze wie das neue Grundsatzpapier der Bundestagsfraktion von Bündnis 90/Die Grünen

---

5 vgl. Wissenschaftsrat, Empfehlungen zum Hochschullehrernachwuchs, Köln, 1996

zur Forschungs- und Technologiepolitik oder sehr profunde Vorstellungen in einzelnen Gewerkschaften (DPG) gehen zunächst noch von der Alternative „Risiken aber auch Chancen" aus. Exemplarisch läßt sich diese Widersprüchlichkeit an Problembereichen wie der Gentechnologie, dem Transrapid und dem Komplex BSE darstellen, aber tatsächlich steckt dahinter auch noch die mangelnde Vorstellungskraft über gestaltbare Felder von Zukunft, die nicht einfach das Produkt einer auf Wirtschaftswachstum aufbauenden Extrapolation der jetzigen gesellschaftlichen Formbestimmung sind.

Die Versuchung ist groß, aus dieser Situation heraus die wenigen vorhandenen Alternativvorschläge, wie sie zum Beispiel Peter Glotz oder der Autor vorgelegt haben, als Problemlösung zu präsentieren. Es sind aber nur Lösungsoptionen, die auf ein handlungsfähiges politisches System angewiesen sind. Wenn ich im vorigen Abschnitt einige Gründe dafür angegeben habe, warum es im Bereich Wissenschaft, Forschung und Hochschulen nicht handlungsfähig ist, so beschränkt sich dies auf Begründungen der phänomenalen Ebene. Darunter liegende tiefere Ursachen müssen erst mit Hilfe der politischen Psychologie und Soziologie dekonstruiert werden, weil die Hochschulforschung hier gerade für Deutschland erhebliche Defizite ausweist (für einen kleinen Teilbereich, nämlich der lebensweltlichen Konstruktion von Hochschule vor allem durch Studierende, können wir mittlerweile über die Defizite und Forschungsdesiderate ziemlich genau Auskunft geben, dabei ist besonders verstörend, wie weit zum Beispiel ethno-methodologische Argumentationen überhaupt verstanden und aufgegriffen werden).

Eine andere Versuchung ist es, mit Appellen auf der letztlich moralischen Ebene Reformen und Politisierung im Wege des Anrufs von Verantwortung und Systemsicherung für künftige Generationen zu versuchen, oder anhand von Einzelfällen (Aids, BSE etc.) die längst eingetretene Glaubwürdigkeitslücke der Wissenschaft kurzfristig schließen zu wollen. Nun ist die Legitimationskrise ja nicht zu leugnen. Sie ist aber vor allem darauf zurückzuführen, daß der Zusammenhang zwischen Risikogesellschaft, Innovationsbedarf und Problemlösungsdruck gar nicht die Ebene der Entscheidungen erreicht, also – hochpolitisiert – politisch praxislos bleibt.

Ich knüpfe abschließend an den Bemerkungen zu Eingang dieses Beitrages an. Der Befund der Abwesenheit von Politik mag Resignation, trotzige Isolation oder auch Gleichgültigkeit provozieren. Es ist allen Beteiligten mittlerweile klar und bedrängend deutlich, daß eine Gesellschaft wie die deutsche, quantitativ von erheblicher Bedeutung und im politischen Kräftespiel von großem Gewicht, ohne Wissenschafts- und Hochschulpolitik nicht autonom werden und schon die absehbaren Probleme in Angriff nehmen kann. Die Autonomie der politischen Handlungen ist aber eine Voraussetzung, nicht vor dem ökonomischen Diktat einer nun ganz real wirksamen Globalisierung zu kapitulieren, die ja auch ein Moment staatlicher Desorganisation und Ordnungsunfähigkeit beinhaltet.[6] Die Lieblingsvokabeln „Herausforderung" und „Handlungsbedarf" sollten hier schon ernst genommen werden, es muß aber mit einiger Autorität und im längst vergessenen Jargon von 1968 die Machtfrage gestellt werden: Wer sind die legitimen Akteure, wenn es darum geht, die Öffentlichkeit in dieser Gesellschaft so kompetent zu machen, daß sie selbst politisch stringente und zukunftsweisende Handlungen im Bereich von Wissenschaft und Hochschulen fordert und mitträgt, letztlich bezahlt? Die Antwort auf diese Frage ist das Movens der feststellbaren Politisierung, deren Zielsetzung und Ausrichtung noch zu wenig klar ist, die aber beginnt, eine starke Eigendynamik zu entwickeln. Ich lasse es mit diesem Befund bewenden, auf dem eine Reformdiskussion allemal aufbauen kann, und verweise nur darauf, daß eine Schleife über die aufklärerische Konsensbildung bezüglich der Ziele von Wissenschaft jenseits des Marktes allemal die Schärfe der Diskussion mit begründen kann.

6 vgl. Zygmunt Bauman, Glokalisierung. Oder: Was für die einen Globalisierung, ist für die anderen Lokalisierung, in: Das Argument, Heft 5/6, 1996

Jost Halfmann

Von der Perfektion zur Imperfektion der Technik Die Beschreibung moderner Gesellschaft als „technische Zivilisation"

1. Einleitung

Das Thema „technische Zivilisation" ruft Assoziationen mit Kontroversen der fünfziger bis sechziger Jahre wach, als nicht zum ersten Mal in diesem Jahrhundert auf Gefahren der Technik für die Gesellschaft aufmerksam gemacht werden sollte. Die zentrale Gefahr, die konservative Autoren wie Arnold Gehlen oder Helmut Schelsky, aber auch mit etwas anderer Akzentsetzung linke und liberale Gesellschaftstheoretiker wie Herbert Marcuse (Marcuse 1967, zu Marcuse: Giddens 1995) oder Jürgen Habermas (Habermas 1968) sahen, bestand in der Verselbständigung der Technik, in dem Sachzwang, den Technik – sei es als Struktur von Apparaten, sei es als Ideologie – auf das gesellschaftliche Leben ausüben könnte.

Warum erscheint heute diese Kontroverse eigentümlich altmodisch, obgleich Technik nicht weniger kontrovers als damals ist? Der Grund liegt nicht darin, daß die Gefahren der Technik abgenommen hätten, sondern in der damaligen Unterstellung der *Perfektion der Technik*, eine Idee, die schon Georg F. Jünger in einem Buch gleichnamigen Titels verfolgt hat. Jenen bereits erwähnten Autoren erschien die angebliche Vollkommenheit der Technik bedrohlich. Schelsky hatte die Jüngersche Apokalypse auf nüchternere Formen zurückgeschraubt (Schelsky 1965). Die Vergegenständlichung der Menschen in der Technik habe dazu geführt, daß die über Technik vermittelte Selbstreflexion zu einer technischen Betrachtung der Menschen selbst führe; daß diese Reflexion in der Anerkennung des „Sachzwangs", der Überlegenheit der Technik gegenüber den menschlichen Leistungen resultiere (zu Schelskys Technokratiethese s. Halfmann 1990). Günter Anders hat – diesen Topos dramatisierend – die Herrschaft der Technik mit der „Abschaffung des Menschen" gleichgesetzt (Anders 1992).

Inzwischen weiß man, daß die Triftigkeit einer solchen Diagnose von der Art des Beobachtens abhängt, also davon ob man in christlich-neuzeitlicher Tradition den Menschen in das Zentrum der Geschichte stellt und die „Selbstobjektivation" (Habermas) des Menschen durch Technik als dessen „Abschaffung" deutet. Diese Lesart der „technischen Zivilisation" wird in jüngerer Zeit durch die Prognose einer nicht nur semantischen, sondern auch physischen „Abschaffung" des Menschen überboten. Denn inzwischen hat sich das Bild der Technik grundlegend gewandelt. Es ist die *Imperfektion der Technik*, die heute als bedrohlich empfunden wird. Die Beschreibung der Gesellschaft als Risiko- oder Gefahrengesellschaft beruft sich auf die Gefährlichkeit mancher Techniken für Mensch und Natur, die dauerhaft die an Technik gerichteten Sicherheitserwartungen unterminieren. Dramatische Katastrophen wie die von Seveso, Bophal oder Tschernobyl werden als unübersehbare Belege der Gefahren genommen, die durch eine Zivilisation heraufbeschworen werden, die imperfekte Technik fahrlässig in ihre Grundlagen eingebaut habe und damit das physische Überleben der Menschheit aufs Spiel setze.[1]

„Technische Zivilisation" als Alarmbegriff

In der öffentlichen Diskussion ist heute wie damals der Begriff „technische Zivilisation" ein Alarmbegriff. Er indiziert Besorgnis über Entwicklungen, die kritische Schwellenwerte überschritten haben und außer Kontrolle geraten sind oder zu geraten drohen (Sieferle 1989). Der Selbstlauf der Technik ist ein zentrales Thema der öffentlichen wie auch speziell der akademischen Debatte. Eine Reihe prominenter Zeugen von Jacques Ellul bis Ulrich Beck lassen sich für diese Einstellung zitieren (s. die Auflistung bei Teusch 1993, S. 37ff., Winner 1977). Alarmbegriffe verlangen nach genauer Beleuchtung, da in ihnen wie in einem Brennpunkt das öffentliche Selbstverständnis der Gesellschaft zusammengefaßt und zugleich verdeckt wird. Die Gesellschaft alarmiert sich selbst, indem sie eine ebenso paradoxe wie bedrohliche Lage zeichnet: Wissenschaft und Technik seien einerseits eine wichtige Ursache der Selbstgefährdung moderner Gesellschaften wie auch die unvermeidlichen Mittel der Abwehr dieser Gefahren (s. z.B. Mittelstraß 1992). Indem die Menschen als Ursache und Adressaten der Bedrohung durch Technik identifiziert werden, kann die Alarmierung der Gesellschaft nur in Appelle für verantwortlichen Umgang mit Technik, also für Eindämmung der Gefahren der Technik durch (andere) Technik münden.

Von der Warte einer sich disziplinär konsolidierenden Soziologie erscheinen die Versuche, die Moderne als „technische Zivilisation" zu beschreiben als Anstrengungen, eine bestimmte Idee (der Würde) des „Men-

1 Die Gefahren der Technik können dann wiederum auf eine dahinterstehende Macht zurückgeführt werden, z.B. die Männer. Wenn Frauen, die in der „patriarchale(n) Gesellschaft ... die Zuständigkeit und Verantwortung für das Leben" haben, auch für Technik zuständig werden, stehe die Technik, so das Versprechen, im Dienste von „Mensch, Tier und Umwelt" (s. Janshen 1990, S. 7). Hier wird ein Motiv der konventionellen Zivilisationstheorie wieder aufgegriffen, das Technik mit Tod, Körperarbeit mit Leben gleichsetzt (s. dazu am Beispiel G. F. Jüngers weiter unten mehr).

schen" oder des „Subjekts" zum Maßstab der Zivilität der Gesellschaft machen zu wollen. Die Zuspitzung der Gesellschaftsanalyse auf ein typisches Merkmal – ihre Zivilität – lebt von der Pointierung eines Kontrastes, der die „gute" von der sich fehlentwickelnden Gesellschaft unterscheidbar machen soll. Zivilisation ist die „Gesamtheit des menschlichen Wirkens an sich selbst, an anderen Menschen und an der umgebenden Natur" (Fisch 1992, S. 680). Gesellschaft ist Zivilisation. Gesellschaft wird, abgeleitet von „civis" und „civitas" als politische Gesellschaft, als Bürgergesellschaft verstanden, die sich durch ihre wirtschaftlichen, künstlerischen und technischen Leistungen von der „Kultur eines Naturvolks" unterscheidet (so z.B. Schoeck 1969, S. 375f.). In der Aufklärungsliteratur von Mirabeu (1756) oder Adam Ferguson (1767) wird Zivilisation als Gegenbegriff zu Barbarei eingeführt (s. dazu Wallerstein 1991, S. 214f.). Zivilisation ist eine Form der „Vermenschlichung der Völker" (Wilhelm von Humboldt), sie ist ein moralisches Ideal zur Perfektionierung des Menschen (s. z.B. Febvre 1962, Elias 1993, S. 1ff.).

Die Idee der Gesellschaft als „*technischer* Zivilisation" kommt im Zusammenhang mit der Beschreibung der Gesellschaft als „industrieller Gesellschaft" im auslaufenden 19. Jahrhundert auf.[2] Bei Hans Freyer wird die Verbindung von Industrie und Technik zum Signum des modernen Zeitalters: „Der Aufbau einer industriellen Gesellschaft auf der Basis einer neuartigen Technik ist ein so wuchtiges Thema, es durchzuspielen setzt soviel Erfindungskraft, soviel Konsequenz in der Verfolgung des Begonnenen, soviel Mut zum Neuen und soviel Untreue zum Alten voraus, sein Einsatz ist durch das Auftreten der Maschine so klar gekennzeichnet und seine Durchführung ist so zügig im Modus des Fortschritts erfolgt, daß es nicht schwer sein kann, den Sachverhalt zu bestimmen und das Modell herauszuarbeiten, an dem die Einheit des Zeitalters ersichtlich wird" (Freyer 1958, S. 9). Erst mit der Verbindung des Attributs „technisch" mit „Zivilisation" im 19. Jahrhundert wird, wenngleich implizit, die theoretisch reichhaltigere Denkfigur eingeführt, daß Technik die sozialen Voraussetzungen moralischer Perfektionierung des Menschen korrumpieren oder untergraben könne. Dieser Gedanke bleibt bis ins 20. Jahrhundert stilbildend, wie Jacques Elluls Streitschrift über die „technische Gesellschaft" deutlich macht. Technik „dissociates the sociological forms, destroys the moral framework, desacralizes men and things, explodes social and religious taboos, and reduces the body social to a collection of individuals" (Ellul 1964, S. 126).[3] Der alarmistische Unterton, der in der Verwendung des Begriffs „technische Zivilisation" mitschwingt, klingt seit

2 Im deutschsprachigen Raum tendierte man im 19. Jahrhundert dahin, „Zivilisation" mit wissenschaftlichem und technischem Fortschritt (und seinen negativen Folgen) zu assoziieren und von „Kultur" als Dimension der moralischen Perfektionierung zu unterscheiden, s. Fisch 1992, S. 749f.

3 s. auch Gernot Böhmes Kommentar zu diesem Zitat, der Elluls Meinung über die erodierenden Effekte der technischen Zivilisation für „Kultur" teilt (Böhme 1985, S. 179f.)

dem endgültigen Durchbruch der industriellen Produktionsweise im 19. Jahrhundert an, als man begann, in der gesellschaftlichen Selbstreflexion zivilisatorische Gewinn- und Verlustrechnungen anzustellen (s. dazu Sieferle 1984, S. 11ff.).

In manchen delirierenden Varianten der Idee der „technischen Zivilisation" aus den zwanziger und dreißiger Jahren, etwa in Spenglers Eloge auf das „Raubtier Mensch", wirkt der Zivilisierungseffekt der Technik auf ganz eigentümliche Art. In seinem Buch „Der Mensch und die Technik" verwendet Spengler den Zivilisationsbegriff zunächst ganz konventionell zur Abgrenzung von barbarischen, tierischen Gesellschaftsformen, um dann auf einen besonderen Effekt der Technik zuzusteuern. Der Mensch werde erst durch Technik individualisiert und könne sich nur dadurch von den anderen Tieren unterscheiden: „Die Menschentechnik ... ist unabhängig vom Leben der Menschengattung. Es ist der einzige Fall in der gesamten Geschichte des Lebens, daß das Einzelwesen aus dem Zwang der Gattung heraustritt ... Die Technik im Leben des Menschen ist bewußt, willkürlich, veränderlich, persönlich, erfinderisch. Sie wird erlernt und verbessert. Der Mensch ist der Schöpfer seiner Lebenstaktik geworden ... Und die innere Form dieses schöpferischen Lebens nennen wir Kultur" (Spengler 1931, S. 25).

Spenglers Gedankenfigur, für die der – wie immer fachwissenschaftlich triftige – Rückgriff auf Motive der Anthropologie charakteristisch ist, ist durchaus typisch für die europäische Tradition der Diskussion über „technische Zivilisation". Darauf verweist Arnold Gehlen in seinem Artikel „Anthropologische Ansicht der Technik" (Gehlen 1965, S. 101). Gehlen arbeitet den Grundgedanken, der hinter der Idee der „technischen Zivilisation" steckt, unter Rückgriff auf Freyer (Freyer 1961) klar heraus: die Ablösung der Technik von dem Zweck ihrer Unterordnung unter die menschliche „Lebensdienlichkeit". Seit dem 18. Jahrhundert werde „der technische Geist gleichsam absolut gesetzt, er wird aus der Führung vorgegebener Zielsetzungen entlassen" (Gehlen 1965, S. 103f.).

Dies ist der Kerngedanke der in der Theorie der „technischen Zivilisation" enthaltenen Technikkritik: ihre Verselbständigung, ihre Ablösung von der menschlichen Kontrolle und von menschlichem Maß enthalte ein Gefahrenpotential. Die Gefahren der Technik resultieren entweder aus der Usurpation anderer, bisher der menschlichen Kontrolle unterliegenden, sozialer Sachverhalte durch die Technik; hier wird der Blick etwa auf den Staat als zentralem gesellschaftlichen Ort dezisionistischer Freiheit gelenkt (s. dazu Schelsky 1965, Habermas 1968). Oder sie folgen aus dem Zerstörungspotential funktionierender oder versagender Technik, die Mensch und Natur Schaden zufügt, also aus Technik, die im Gelingen (Kriegs- und Unterdrückungstechnik) oder die im Mißlingen (Flugzeugabstürze, Unfälle) destruktiv wirkt (s. z.B. Janshen 1990, Jünger 1953, S. 180ff.). Den Menschen drohen also sowohl aus der Perfektion wie auch aus der Imperfektion der Technik Gefahren.

Im folgenden werden zwei Autoren – Friedrich Georg Jünger und Ulrich Beck – stellvertretend für eine ganze Phalanx von Gesellschaftsanalytikern vorgestellt, die das Konzept der „technischen Zivilisation“ verwenden, um einen Zusammenhang zwischen einer sich verselbständigenden Technik und der Überforderung der Menschen bzw. der menschlichen Gesellschaft herzustellen. Beide Autoren verbinden eine ausgreifende Zeitdiagnose mit Rückgriffen auf geistes- und sozialgeschichtliche Ursachenkomplexe. Trotz des Zeitunterschiedes von fast einem halben Jahrhundert ähneln sich die Gedankenfiguren auf verblüffende Weise. Zentral steht das Motiv einer Störung der Mensch-Natur-Beziehung, die durch ungebremsten Einsatz von reduktionistisch verfahrender Wissenschaft und instrumentell verwendeter Technik hervorgerufen werde. Abgesehen von unterschiedlichen intellektuellen Hintergründen (die Lebensphilosophie bei Jünger, die Soziologie bei Beck) unterscheiden sich die beiden Autoren vor allem in der Verortung der Quelle der Macht der Technik. Ist es bei Jünger die Indifferenz einer im Automaten perfektionierten Technik gegenüber der Stilisierung eines menschenwürdigen Lebens, so ist es der Katastrophengehalt einer konstitutiv imperfekten Technik bei Beck, der den usurpatorischen Charakter der Technik gegenüber der Gesellschaft ausmacht.

2. Die Perfektion der Technik

In den Analysen zur „technischen Zivilisation“ steht die Spannung von Technik und Zivilisation im Brennpunkt. Während „Zivilisation“ mit den Chancen der Entfaltung kreativer sozialer Potentiale der Menschen gleichgesetzt wird, wird Technik – selbst ein Produkt der menschlichen Kreativität – zum Symbol des faustischen Paktes des Menschen mit der Natur. Für die Unterwerfung der Natur zahlt der Mensch mit der Versklavung durch die Technik; die Natur rächt sich am Menschen für dessen Zerstörungswut über die Technik. Der apokalyptische Gehalt des faustischen Paktes kommt vollends in der Industriegesellschaft zur Geltung, die die Gesellschaft zur „technischen Zivilisation“ gemacht hat. Die industrielle Revolution hat – in Wechselwirkung mit der modernen Großtechnik – zu einer Gleichschaltung von Entwicklungsrhythmen in den verschiedensten Bereichen der Gesellschaft geführt: „Zahlreiche Entwicklungen, die mit dem Fortschritt der industriellen Technik in Wechselwirkung standen, nahmen den gleichen Rhythmus und die gleiche Vehemenz an wie er: die Verstädterung der Wohnweise und der Lebenshaltung, die steigende Abhängigkeit aller Bedürfnisse vom Markt, die Einebnung der örtlichen und der altständischen Unterschiede, die Rationalisierung aller zwischenmenschlichen Beziehungen in und außerhalb der Arbeit, die Bürokratisierung aller Verwaltungstätigkeiten und Verbände“ (Freyer 1965,

S. 84). Den Kern der technischen Zivilisation bildet die industrielle Produktion: „Das Herdgebiet dieses potenzierten Fortschritts war und ist die wissenschaftlich fundierte Produktionstechnik“ (Freyer 1965, S. 85, zu Freyers Techniktheorie s. auch Pankoke 1990).

Freyer greift Motive der Technikdeutung auf, die Friedrich Georg Jünger schon 1939 in einer umfangreichen Studie vorgetragen hat, deren Erstveröffentlichung auf das Jahr 1946 datiert und die bis 1993 die 7. Auflage erreichte (Jünger 1953). Jünger identifiziert das rationale Effizienzdenken als Ursprung einer Technikentwicklung, die ein immanentes Telos zur Perfektion enthalte. Die Perfektion der Technik beruhe auf der Installierung redundanter Operationen, die von keiner äußeren Zweckbestimmung beeinflußt werden. „Die selbständige, sich gleichförmig wiederholende Funktion ist das Hauptkennzeichen unserer Technik“ (Jünger 1953, S. 39). Die Konstruktion von Maschinen und Automaten mit monotonen mechanischen Operationen werde erst möglich, wenn Technik sich von dem Vorbild der Natur ablöse, wenn also eine moderne Wissenschaftsauffassung greife, die auf eine eigenständige Ordnung der Natur keine Rücksicht mehr nehme. „Diese strenge Rationalität von technischen Arbeitsverfahren hat zur Voraussetzung ein Denken, dem an einer Erhaltung und Schonung der Substanz nichts gelegen sein kann“ (Jünger 1953, S. 29). Die der Technik zugrundeliegenden Wissenschaften, die Natur- und Technikwissenschaften, konzipieren die Natur selbst als deterministische Ordnung, als Mechanismus. Dieser der modernen Naturwissenschaft eigentümliche Reduktionismus, die Beschränkung „auf den Anteil, den die Mathematik an ihr hat, oder auf das Gesetz der Kausalität oder auf einen nackten Funktionalismus“ (Jünger 1953, S. 51) zielt letztlich auf die „umfassende Mechanisierung des Menschen“ (Jünger 1953, S. 52). Die Mechanisierung des Menschen wiederum ist der Endpunkt seiner Unterwerfung unter die Technik.[4]

Die Technik wird perfekt, wenn sie sich von menschlichen Rhythmen und Maßstäben gelöst hat, wenn sie zum Automaten wird. „Wir sind von einem stets fortschreitenden Automatismus, dem alle Gebiete der Technik zustreben umgeben. Der größte Teil unserer Fabrikmechanik arbeitet automatisch. Verkehrsautomaten sind es, die in Gestalt von Eisenbahnen, Motorschiffen, Kraftwagen und Flugzeugen überall auftauchen... Erst durch diesen Automatismus erhält unsere Technik das ihr eigentümliche Gepräge, das sie

4 Eine ähnliche Gedankenfigur findet sich auch bei Marcuse, wenn er schreibt: „Die Quantifizierung der Natur, die zu ihrer Erklärung in mathematischen Strukturen führte, löste die Wirklichkeit von allen immanenten Zwecken ab und trennte folglich das Wahre vom Guten, die Wissenschaft von der Ethik. Wie immer die Wissenschaft die Objektivität der Natur und die Wechselbeziehungen ihrer Teile bestimmen mag, sie kann sie wissenschaftlich nicht unter ‚Zweckursachen‘ begreifen. Und wie konstitutiv auch die Rolle des Subjekts als Ort von Beobachtung, Messung und Berechnung sein mag – dieses Subjekt kann seine Rolle nicht als ethisch, ästhetisch oder politisch handelndes spielen“ (Marcuse 1967, S. 161).

von der Technik aller anderen Zeiten unterscheidet" (Jünger 1953, S. 38/9). Die Perfektion der Technik bemißt sich nicht allein an der möglichst vollkommenen Umsetzung mechanischer Prinzipien innerhalb einer Maschine, sondern an der durchgesetzten Indifferenz des Apparates gegen Widerstand aus seiner Umwelt. Jünger konzipiert moderne Technik als usurpativ: sie beschneide und unterdrücke „natürliche" menschliche Maßstäbe für angemessene Lebensformen. Technikkonstruktion sei Machtausübung, die Ungleichgewichte in der Welt erzeuge. „Ein Gleichgewicht besteht hier (in der Epoche technischer Perfektion, J. H.) nicht mehr. Nicht zwischen Arbeit und der Muße des Menschen, nicht zwischen dem Menschen und der Natur" (Jünger 1953, S. 129). Die „Deformierung", die von der Maschine ausgehe, werde erst wirklich sinnfällig, wenn sie nicht funktioniere, wenn „die Apparatur selbst aufklafft" (Jünger 1953, S. 129).

Die Perfektion der Technik sei nun für das Imperfektwerden des Menschen verantwortlich, dessen Tätigkeiten dem Maschinenrhythmus unterworfen werden. Mechanisierung zerstückele die Arbeitsverrichtungen in einzelne Teiloperationen; dadurch verliere die menschliche Arbeit ihren „körperlichen Zusammenhang" (Jünger 1953, S. 67). Technik nehme nicht nur keine Rücksicht auf die Natur im allgemeinen, sondern auch nicht auf die physische Ausstattung des Menschen. Die Anwendung von Technik bedeute deshalb nicht nur Raubbau an der Natur, sondern auch Unterwerfung des Menschen (Jünger 1953, S. 92). Allerdings verwende der Mensch auch Technik in seiner ständigen Auseinandersetzung mit der Natur, die einem Selbstbehauptungskampf gleichkommt. Der Gewinn an Macht gegenüber der Natur werde erkauft mit deren Zerstörung. Der Einsatz von Totem (die Maschine) gegen das Leben (die Natur) unterminiere auch die Lebensgrundlagen der Menschen. Das Mechanische „schneidet ... tief in das Leben ein" (Jünger 1953, S. 172). Es erzeuge Angst vor der Katastrophe. Die Rache der Natur begrenze damit zugleich die Chancen der Perfektionierung der Technik: denn das Tote setze das Lebende als Gegensatz voraus.

In Jüngers apokalyptischer Sicht wird die technische Zivilisation zum Moloch, der die Menschen ihrem Perfektionszwang opfert. Jüngers Absage an jegliche Technikutopie läßt an Eindeutigkeit nichts zu wünschen übrig. „Gerade die reißende Kraft, mit der die technische Rationalisierung fortschreitet, deutet darauf hin, daß wir uns einem Abschlusse nähern, einem Endstadium der Technik, in dem alles Technische Perfektion erlangt ... Es ist reine Phantasterei, wenn man mit dem Zustand mechanischer Perfektion Harmonievorstellungen verbindet ... Die Maschine ist kein glückbringender Gott und das Zeitalter der Technik endet in keinem friedlichen und liebenswürdigen Idyll. Die Macht, die es uns anbietet, muß zu allen Zeiten teuer bezahlt werden mit dem Blute und der Nervenkraft von Hekatomben von Menschen, die auf irgendeine Weise in das Getriebe von Rädern und Schrauben geraten sind" (Jünger 1953, S. 156f.).

Die in die Gesellschaft expandierende Technik erzeugt das „technische Kollektiv", „eine dem Maschinenwesen genau angepaßte (soziale, J. H.) Konstruktion" (Jünger 1953, S. 235). Die Perfektionierung der Technik verlange eine dazu gehörige effiziente Organisation, vor allem im Bereich der industriellen Produktion. Jünger äußert sich ausführlich über die Unterwerfung der Arbeiter durch die Maschinentechnik. Das „technische Kollektiv" sei jedoch nicht auf die industrielle Arbeitsorganisation beschränkt, es zeige den permanenten Ausnahmezustand der Gesellschaft an, der in der Etablierung des totalitären Staates münde (Jünger 1953, S. 238, S. 317, s. dazu auch Breuer 1995, S. 129ff.). Das „technische Kollektiv" setze die tradierte Eigentumsordnung außer Kraft. Die durch die Expansion der Technik erzwungene Verstaatlichung von Eigentum hebe nicht nur das Eigentum auf, da Eigentum an die Zurechenbarkeit auf Individuen gebunden sei; sie führe auch zu einer Verlustwirtschaft, da die Kosten des Raubbaus an der Natur nicht bilanziert würden.

Letztlich verschwimmen durch die Perfektion der Technik die Grenzen zwischen Mensch und Natur. Hier kommt Jünger zu einem Spenglers Deutung diametral entgegengesetzten Schluß. Während für Spengler die Technik die Raubtiereigenschaften des Menschen erst akzentuiert und steigert und ihn damit von den übrigen Tieren unterscheidet, gerät die Menschheit bei Jünger durch die Technik in die Sklaverei, eine Abhängigkeit von der Natur, die sie gerade mit Hilfe der Technik abstreifen wollte.[5] Jüngers Theorie der „technischen Zivilisation" ist keine geschlossene akademische Abhandlung, sondern eine eklektische Sammlung von Beobachtungen und Reflexionen über eine Vielzahl von mit Technik zusammenhängenden Problemen aus Philosophie, Geschichte, Industrie und Politik. Aber sie versammelt alle in der Literatur über „technische Zivilisation" thematisierten Motive. Epochentypisch ist die Konzentration auf den „totalen Staat", der in der Folge trotz gelegentlicher Reanimationsversuche (Jungk 1986) für das Szenario der Gefahren der „technischen Zivilisation" entbehrlich wird.

---

5 Die Parallelen zu Horkheimers und Adornos „Dialektik der Aufklärung" sind gerade in diesem Punkt unübersehbar und verraten eine zeitgenössische thematische Konkordanz über die politischen Lager hinweg. Horkheimer und Adorno legen insbesondere in dem Exkurs I über „Odysseus oder Mythos und Aufklärung" dar, daß schon die Odysseischen Listen im Ausgang des mythischen Zeitalters davon Zeugnis ablegten, daß zwar die äußere Natur dem menschlichen Willen unterworfen werden, daß dies aber nur auf Kosten der „Verleugnung der Natur im Menschen" gelingen könne (Horkheimer/Adorno 1947).

3. Die Imperfektion der Technik: Ulrich Beck

Becks Deutung der „technischen Zivilisation" teilt zentrale Überlegungen mit der Zeitdiagnose Jüngers: die Ideen des Raubbaus an der Natur und der Bedrohung der Menschen durch die Technik. Auch bei Beck wird die Befindlichkeit der Menschen zum Maßstab des Urteils über die Gefahren der Technik. Auch Beck konstatiert eine Erosion der trennscharfen Grenze zwischen Gesellschaft und Natur durch moderne Wissenschaft und Technik. „Der Siegeszug des Industriesystems läßt die Grenzen von Natur und Gesellschaft verschwimmen. Entsprechend können auch die Naturzerstörungen nicht länger auf die ‚Umwelt' abgewälzt werden, sondern werden mit ihrer industriellen Universalisierung zu systemimmanenten sozialen, politischen, ökonomischen und kulturellen Widersprüchen" (Beck 1986, S. 252). Aber in zwei Hinsichten setzt er andere Akzente bei der Bewertung der modernen condition humaine als Jünger. Nicht die Perfektion, sondern die Imperfektion der Technik ist die Hauptquelle der Gefahren der modernen Gesellschaft. Zwar wird die „technische Zivilisation" als „Risikogesellschaft" auch mit Alarmbegriffen beschrieben, aber anders als in Jüngers Apokalypse der Industriegesellschaft identifiziert Beck Korrekturmechanismen gegen die Selbstzerstörung der Gesellschaft.

Becks Analyse der „Risikogesellschaft" wird vor einem anderen historischen Hintergrund als Jüngers Theorie des „technischen Kollektivs" entfaltet. Nicht der totalitäre Staat, sondern die ökologische Bedrohung steht im Vordergrund der Aufmerksamkeit. Dies begründet Differenzen im Ton der Darstellung: apokalyptische Prophezeiung vs. verhaltener Optimismus. Aber, abgesehen von diesen Temperamentsunterschieden, teilt Beck wichtige Überzeugungen mit der Tradition einer Theorie der „technischen Zivilisation": das Zurücktreten der Bedeutung der Arbeit hinter die der Technik, der Reichtumsproduktion hinter die der „Risikoproduktion" in der modernen Gesellschaft; die Vorstellung, daß die Gesellschaft auf problematische Folgen ihrer technisch Schöpfungen stößt; und die Idee, daß die Gefahren der Technik das menschliche Maß übersteigen.

Becks Argument ähnelt Jüngers Gedankengang in der Konstruktion der Idee der Selbstgefährdung der modernen Gesellschaft. Die „Vergesellschaftung der Natur", die aus der forcierten Inanspruchnahme von Natur durch die Industriegesellschaft folge, resultiere in der Zerstörung der Natur: die Nebenfolgen der Industrieproduktion (Verschmutzung der natürlichen Ressourcen, Zerstörung ökologischer Gleichgewichte) würden zu Hauptfolgen und führten zu einer Selbstgefährdung der Menschheit. Dies ist der Kern der These von der Risikogesellschaft. „Gesellschaften, die zunächst verdeckt, dann immer offensichtlicher mit den Herausforderungen der selbstgeschaffenen Vernichtungsmöglichkeiten allen Lebens auf der Erde konfrontiert sind, nenne ich Risikogesellschaften" (Beck 1988, S. 109).

Der Jüngerschen Gedankenfigur ähnlich ist auch Becks Überlegung, daß die moderne Wissenschaft einen gewichtigen Anteil an dem problematischen Naturbezug der modernen Gesellschaft habe und daß sich die Natur an der Gesellschaft räche. Jünger hatte behauptet, daß der Reduktionismus der Naturwissenschaft den nicht-deterministischen Charakter der Natur invisibilisiere und damit verdecke, daß Natur Leben, mechanische Naturintervention aber Tod und Zerstörung bedeuteten. Dieses Motiv wird von Beck einen Schritt weitergeführt. Die Wissenschaft stoße auf die problematischen Folgen ihres reduktionistischen Zuschnitts der Natur und dessen Anwendung im Industriesystem. „Wissenschaft wird (Mit-) Ursache, Definitionsmedium und Lösungsquelle von Risiken und öffnet sich gerade dadurch neue Märkte der Verwissenschaftlichung" (Beck 1986, S. 254). Die Anwendung der Wissenschaft auf (technische) Produkte der Wissenschaft lasse die Wissenschaft reflexiv werden, sie verliere ihren Monopolanspruch auf Wahrheit, bleibe aber dennoch für die Lösung von Risikoproblemen unentbehrlich. Beck artikuliert sich weit weniger explizit als Jünger über die „Rache der Natur". Dennoch ist schwer vorstellbar, wie es ohne „aktives Zutun" der Natur für die Wissenschaft einen Unterschied machen solle, ob sie (technisch) bearbeitete oder unbearbeitete Natur beobachtet. Für den modernen Physikalismus sind alle Sachverhalte in der Welt deterministisch – gleichgültig, ob sie von Menschen oder der Natur „gemacht" sind. Daß die Gesellschaft sich um den Zustand der Natur Sorgen macht, kann nur daher rühren, daß sie auch andere als nur wissenschaftliche Beschreibung von der Natur verwendet – etwa solche vom Typ Jünger oder Beck.

Auch Beck sieht das Aufkommen einer Technokratie, die zwar wie die Eliten des „technischen Kollektivs" bei Jünger über Wohl und Wehe der Menschheit entscheiden, dies aber nicht im Milieu des totalen Staates, sondern der Demokratie realisieren können. „Ebenso wie die Eigentumsverhältnisse in den Betrieben die Befugnisse der Arbeitsgestaltung, der Gewinnabschöpfung usw. den Kapitaleignern überlassen, versetzt die Generalklausel ‚Stand der Wissenschaft' die technischen Normungsinstitute in der Bundesrepublik in die Lage, verbindlich hochpolitische Sicherheitsfragen zu entscheiden. Genau darin liegt der technokratische Grundwiderspruch im Atom-, Chemie- und Genzeitalter: Dort wo die Reichweiten und Bedrohlichkeiten der Folgen räumlich und zeitlich ins Unvorstellbare wachsen, wo selbst Grenzen von Nationalstaaten und militärische Blocksysteme durch das, was droht, aufgehoben werden, dort entscheidet in der Blüte der Demokratie und mit dem Segen ihrer voll funktionstüchtigen Institutionen faktisch eine kleine Gruppe ständisch organisierter Ingenieure und Mediziner darüber, unter welchen Bedingungen die Menschen in den Vielstaaten vom Ural bis zum Atlantik leben" (Beck 1988, S. 192).

Aber eigentlich geht es Beck um den zivilisatorischen Umgang mit der Erkenntnis der Imperfektion der Technik. Es gelinge nicht mehr, Fehlfunktionen der Technik der Natur oder dem Schicksal zuzuschreiben. Das Gewahrwerden der Künstlichkeit, der Geschaffenheit der Natur führe dazu, daß die Risiken der Technik als Risiken der Gesellschaft erkannt würden. „Naturzerstörungen, integriert in die universelle Zirkulation der Industrieprozesse hören auf, ‚bloße‘ Naturzerstörungen zu sein und werden integraler Bestandteil der gesellschaftlichen, ökonomischen und politischen Dynamik. Der ungesehene Nebeneffekt der Vergesellschaftung der Natur ist die Vergesellschaftung der Naturzerstörungen und -gefährdungen, ihre Verwandlung in ökonomische, soziale und politische Widersprüche und Konflikte. Verletzungen der natürlichen Bedingungen des Lebens schlagen in globale medizinische, soziale und ökonomische Gefährdungen für die Menschen um – mit völlig neuen Herausforderungen an die sozialen und politischen Institutionen der hochindustrialisierten Weltgesellschaft“ (Beck 1986, S. 107).

Beck konstatiert nicht nur ein Reflexivwerden der modernen Gesellschaft, sondern er geht auch davon aus, daß die Technik des 20. Jahrhunderts gefährlicher ist als frühere Technik. Die modernen technischen Großgefahren „sind erstens örtlich, zeitlich und sozial nicht eingrenzbar ..., zweitens sind sie nicht zurechenbar nach den Regeln von Kausalität, Schuld, Haftung, drittens nicht kompensierbar (Irreversibilität, Globalität) nach der gängigen Tauschregel ‚Zerstörung gegen Geld‘ und müssen insofern nachsorgelos dem alarmierten Sicherheitsverständnis der Bürger zugemutet werden“ (Beck 1988, S. 120).

Becks Diagnose unterscheidet sich von Jüngers Zivilisationskritik in einem entscheidenden Punkt: er glaubt, daß die Gesellschaft, die Menschheit bereits der Zerstörungen gewahr geworden ist, die durch wissenschaftlich angeleiteten technisch-industriellen Raubbau an der Natur verübt wurden. Dadurch gelinge es nicht mehr, die Folgen der technischen Interventionen und das Nichtfunktionieren, das „Aufklaffen“ der Technik (dem Widerstand) der Natur zuzurechnen. Während für Jünger die Perfektion der Technik noch auf der erfolgreichen Unterdrückung des Widerstandes von Natur und Mensch beruht, zeigt die gesellschaftliche Internalisierung der verdrängten Folgen der Technik die Imperfektion der Technik an. „Naturzerstörungen und technische Großgefahren ... können und müssen begriffen und entschlüsselt werden als mystifizierte, ins Außen vergegenständlichte verdrehte Formen der gesellschaftlichen Selbstbegegnung und Selbstbesinnung. Sie sind objektivierte, in Natur und Technik hineingewendete Erinnerungen an verdrängte, gesellschaftlich-menschliche Imperfektion und Verantwortung“ (Beck 1988, S. 256f.).

Jüngers und Becks Diagnose gemeinsam ist die Idee, daß mit Gesellschaft „menschliche Gesellschaft“ gemeint ist und daß Technik der wichtigste Mechanismus der Intervention in das Verhältnis von Mensch und Natur sei. Technik ist das Medium, durch das sich die menschliche Gesellschaft gegenüber der Natur behauptet, aber zugleich auch ihrer Menschlichkeit (bis hin zur potentiellen physischen Selbstauslöschung) beraubt. Diese Prämisse verrät die – wie immer schwache – Verankerung aller Theorien der „technischen Zivilisation“ in der Kosmologie. Deren Thema ist die Perfektion der natürlichen Ordnung, die durch die Imperfektion der Menschen gestört wird. Die menschliche Imperfektion mag aus den Mängeln seiner physischen oder seiner moralischen Ausstattung resultieren, immer wird Gesellschaft (Zivilisation, Kultur) als Kompensation der menschlichen Imperfektion interpretiert, die aber um so nachhaltiger die Naturordnung aus dem Gleichgewicht bringt, je größer der Ehrgeiz der Menschen ist, die Perfektion der Natur durch (technische) Artefakte zu überbieten.

4. Technik: ein Medium sozialer Differenzierung

Das zentrale Thema einer Beschreibung der Gesellschaft als „technische Zivilisation“ ist also die „Technologisierung der Natur, Gesellschaft und (des) Verhalten(s)“ (Zimmerli 1988, S. 235), ja die Behauptung, daß Technik Gesellschaft „konstituiere“. „Mit dem Begriff der Technischen Zivilisation soll Technik als gesellschaftliches Projekt thematisiert und zugleich ausgedrückt werden, daß Technologie heute zunehmend Gesellschaft konstituiert. In diesem Sinne sind Technik und Gesellschaft wechselseitig ineinander enthalten“ (Klagenfurt 1995, S. 19). „Technologisierung“ heißt gesellschaftsweite Durchsetzung des Effizienz-Prinzips von Technik, der (angeblich) inhärenten Logik des „one best way“. Technische Zivilisation heißt Dominanz von der Technik zugrundeliegenden Prinzipien von der Effizienz und Linearität in allen gesellschaftlichen Bereichen. Technische Zivilisation meint deshalb letztlich „Technokratie“ im Sinne Schelskys: Herrschaft des Sachzwangs in allen sozialen Entscheidungen (Schelsky 1965, Schäfers 1986) und „Technikdeterminismus“. Winner nennt zwei Kriterien, mit deren Hilfe man technikdeterministische Auffassungen identifizieren kann: „ ... (1) that the technological base of a society is the fundamental condition affecting patterns of social existence and (2) that changes in technology are the single most important source of change in society“ (Winner 1977, S. 75). In diesem Sinne sind alle Theorien der „technischen Zivilisation“ technikdeterministisch.

Die Theorie der „technischen Zivilisation“ behandelt den Menschen als Naturwesen, das gezwungenermaßen oder zwanghaft mit Mitteln der Zivilisation seinen Naturzustand verlassen muß. Gesellschaft als Zivilisation organisiert die Mittel dieser „Emanzipation“. Technik ist – neben Vernunft – das wohl gewichtigste Mittel des Zivilisationsprozesses. Technik – so die aufklärerische Lesart – braucht Vernunft zur Eindämmung ihrer Verselbständigungsdynamik. Technik – so die aufklärungskritische Lesart – ist auch Ausdruck der menschenspezifischen Vernunft, da sie nicht nur Ausgang aus dem Mythos, sondern selber mythologisch, „Megamaschine" ist. Technik gefährdet Zivilisation und müßte um ihrer Fortsetzbarkeit halber auf ein „menschliches Maß" zurückgeführt werden. Eine ganz andere Lesart von Technik ergibt sich jedoch, wenn man Zivilisation nicht als den für menschliche Technik typischen Modus der Mensch-Natur-Beziehung konstruiert, wenn man überhaupt den „anthropologischen" Gedanken fallen läßt, daß Gesellschaft primär als Form der „Feststellung" (Gehlen) der Menschen zu beschreiben sei. Wenn die Beschreibung der Gesellschaft nicht mehr eines Verweises auf einen außerhalb ihrer liegenden Zweck – eine „evolutionäre Nische" für die menschliche Spezies zu sein – bedarf, wenn Gesellschaft als ein sich selbsterhaltendes soziales System konzipiert wird, dann kann auch Technik von der Assoziation mit Überlebenssicherung oder -gefährdung der Menschen abgelöst werden. Dann muß Technik auch nicht mehr an den Möglichkeiten der (Natur der) Menschen bemessen werden, sondern kann als Mechanismus der sozialen Evolution gefaßt werden. Dies ist die Perspektive der Soziologie.

Die Kritik der Technik, die Kritik der Gefahren, die von der Perfektion oder der Imperfektion der Technik ausgehen, läßt sich so als eine Kritik der sich weiter ausdifferenzierenden Gesellschaft lesen, einer Gesellschaft, die kein „menschliches Maß" mehr kennt, die die „Menschen" zur Umwelt der Gesellschaft macht und damit Kontrolle der gesellschaftlichen Entwicklung zu einer Illusion werden läßt. Es kommt nicht von ungefähr, daß die historische Zäsur, die den Beginn einer sich entfesselnden Technik markieren soll, auf das 18. Jahrhundert datiert wird. Mit der Aufklärung gewinnt die Idee der Kontrolle der gesellschaftlichen Entwicklung durch die „Subjekte" breite Anerkennung: die sozialen Bewegungen, die auf nationale und sozio-politische Emanzipation setzen, werden angefeuert von den Ideen der zu sich selbst kommenden menschlichen Gattung, die erstmals ihre Geschicke in Freiheit in die Hand nimmt.

Mit dem Ende der Aufklärung im 19. Jahrhundert und dem wachsenden Einfluß sozialwissenschaftlicher Gesellschaftsanalyse nimmt die Zeitdiagnose die Ernüchterungen der postaufklärerischen Epoche zur Kenntnis. Sie stößt auf die Einsicht, daß der Zuwachs an individueller Freiheit nicht mit einer steigenden Beherrschung der gesellschaftlichen Entwicklung einhergeht; daß sich im Gegenteil die dramatischen Ereignisse der Moderne – industrielle Revolution und Weltkriege im Gefolge der europäischen Nationalstaatsbildung – über die Köpfe und auf Kosten der Menschen vollzogen haben. Vor dem Hintergrund der in der Aufklärung erzeugten Erwartungen befinden sich fortan die Individuen gegenüber der Gesellschaft im Dauerzustand der Entfremdung (Israel 1972, Josephson/Josephson 1962). Technik, insbesondere industrielle Großtechnik wird nun zum Signum der enttäuschten Hoffnungen der Aufklärung: der Gewinn an Macht über die Natur wird mit dem Verlust der Autonomie, der „Subjektivität" bezahlt.

Die Beschreibung der Gesellschaft als „technische Zivilisation“ ist die kritische Reflexion auf die Unterstellung, daß Entfremdung auf Technik beruhe, daß in der technischen Zivilisation „die Selbstobjektivation der Menschen ... sich in einer geplanten Entfremdung vollendet (hätte) – die Menschen machten ihre Geschichte mit Willen, aber nicht mit Bewußtsein“ (Habermas 1968, S. 97). Das Programm einer Wiedereroberung oder -herstellung eines gesellschaftlichen Terrains nichttechnischer Vollzüge zielt auf die Abschaffung usurpatorischer Technik (Jünger) und die Aufhebung der Reduktion gesellschaftlicher Beziehungen auf „eindimensionale“ (Marcuse) oder „instrumentelle“ (Habermas) Kommunikationen. Diese in der europäischen Aufklärung verankerten Positionen unterstellen, daß individuelle („subjektive“) Freiheit nur innerhalb (und nicht etwa außerhalb) der Gesellschaft möglich sei, daß die Gesellschaft keineswegs dem Jüngerschen Automaten – selbst, wenn er fern von jeglichen Konnotationen eines mechanischen Determinismus gedacht wird – entsprechen dürfe, in dem „alles möglich ist, das Individuum aber nichts ändern kann“. Die Technik wird in diesem Kontext zum Symptom einer paradoxen Lage der Menschen: sie ermöglicht und bedroht zugleich ihre Zivilität.

Demgegenüber wirft die theoretische Eigenständigkeit entwickelnde Soziologie einen anderen Blick auf das Verhältnis von Technik und Gesellschaft. Die moderne Soziologie zeichnet sich zunächst dadurch aus, daß sie Gesellschaft nicht durch ein einziges soziales System, eine einzige soziale Instanz oder einen bestimmten Sachverhalt allein repräsentiert sieht. Gesellschaft kann nicht zureichend durch ein Merkmal beschrieben werden, ohne nicht enorme Vereinfachungen der Gesellschaftsanalyse hinnehmen zu müssen (s. etwa Luhmann 1986, zustimmend Breuer 1995, S. 132). Die moderne Gesellschaft kann also nicht durch Technik (oder irgendeinen anderen Sachverhalt) allein „konstituiert“ oder „definiert“ werden. Dies beruht darauf, daß die moderne, funktional differenzierte Gesellschaft viele Zentren mit eigenständigen Selbstbeschreibungsentwürfen kennt.

Der Begriff „technische Zivilisation“ eignet sich also nicht als Grundbegriff einer Gesellschaftstheorie, wohl aber als Vorschlag, die Modernität der modernen Gesellschaft mit einer Kritikperspektive zu versehen. Wenn man den Begriff „technische Zivilisation“ als Moment der Semantik der Moderne liest, wenn er also nicht für eine Theorie der modernen Gesellschaft steht, dann kann er als ein Angebot der semantischen Pointierung (und damit Simplifizierung) des Modernitätscharakters der modernen Gesellschaft mit anderen Angeboten wie etwa „Risikogesellschaft“ (Beck 1986), „Informationsgesellschaft“ (Dordick/Wang 1993), der „narzißtischen Gesellschaft“ (Lasch 1985) oder „Erlebnisgesellschaft“ (Schulze 1992) verglichen werden. Die Simplifizierung besteht eben darin, daß man die Gesellschaft ausschließlich vom Zuwachs an Entscheidungs- oder Datenverarbeitungs- und -verbreitungsmöglichkeiten, der vermeintlichen Ichschwäche moderner Individuen, den Rückseiten der schrumpfenden Tradition des „Normalarbeitsverhältnisses“ oder eben – wie im Fall der „technischen Zivilisation“ – den Folgen technischer Innovationen für die „Vernünftigkeit“ der Gesellschaft her zu beschreiben versucht. Diese Pointierungsversuche stehen nicht in einem Verhältnis der Konkurrenz, sondern der Äquivalenz. Da die Gesellschaft alles dies ist – Informations-, Risiko-, Arbeits-, Narzißmus- oder Erlebnisgesellschaft –, kann sie wohl kaum in dem einen oder anderen aufgehen (s. auch Luhmann 1992).

Der radikale Reduktionismus, der die Beschreibung der Gesellschaft als „technische Zivilisation“ anleitet, führt in die Fallen des „technikdeterministischen Diskurses“. Da Technik als die (menschliche) Gesellschaft konstituierend gedacht wird, da Technik die Differenz zu Natur und Barbarei ausmacht, hängt der Fortbestand der Menschheit von der durch die Technik fundierten Balance zwischen Mensch und Natur ab. Die Technik bestimmt die Entscheidungen, sei es – wie in der Perfektionsidee von Technik – durch die Alternativlosigkeit des „one best way“, sei es – wie in der Vorstellung von der Imperfektion der Technik – durch den Zwang, die bedrohlichen Folgen der Technik zu vermeiden.

Die Unterstellung, daß die Gesellschaft durch die Technik geprägt werde, hat Konsequenzen für die Konzeptualisierung von Technik. Technik wird „faustisch“ gedacht: sie ist zwar hergestellt und deshalb ein Mittel für (menschliche, soziale) Zwecke, aber in ihrer dinglichen Gestalt kann sie sich der Kontrolle der Hersteller entziehen und eine Eigendynamik entwickeln. In der „faustischen“ Deutung von Technik wird vor allem der Sachverhalt der Kopplung von dinglicher und sozialer Gestalt, von Dinghaftigkeit und Sinnhaftigkeit, von Technik als Apparat und als Konzept (Zweck-Mittel-Beziehung) beobachtet. Die Kopplung begründet ein Verhältnis der Gleichzeitigkeit von Apparat und Schema, d.h. eine Kontingenzbeziehung. Technik ist nur in der Konstruktion, aber nicht im Gebrauch beobachtbar, d.h. kontrollierbar.

Dieser Aspekt von Technik wird in der Theorie der „technischen Zivilisation“ überpointiert. Die Nichtbeobachtbarkeit, d.h. die Nicht-Kontrollierbarkeit der Technik in ihrem Gebrauch, zeigt wie in einem Brennpunkt den Kollaps der Idee des Menschen als „Subjekt“ an. Sie besagt, daß nicht einmal die menschlichen Produkte wie Technik der Kontrolle des Subjektes unterliegen, geschweige denn die menschliche Zivilisation als ganze. Die Theorie der „technischen Zivilisation“ registriert diesen Sachverhalt, sie deutet ihn als Bedrohung und Unterminierung der Subjekthaftigkeit des Menschen, ohne aber den begrifflichen Bezugsrahmen der aufklärerischen Tradition aufgeben zu wollen.

Die Soziologie hat sich als Sozialwissenschaft in dem Maße etablieren können, wie sie sich von dieser „alteuropäischen“ Tradition emanzipiert hat, wie sie nicht Menschen und Subjekte, sondern soziale Systeme zum Gegenstand hat, und nicht Reflexion, sondern Kommunikation als Grundbegriff verwendet (Luhmann 1984). Für die Soziologie ist Technik deshalb auch nicht primär Thema einer Theorie der „Industriegesellschaft“ oder der „industriellen Zivilisation“, sondern der Mechanismen sozialer Differenzierung. Technik ist nicht Symptom des Erfolgs und der Folgen der Naturbeherrschung, sondern der Steigerung der Umweltbeobachtung, der Kontingenzverarbeitung sozialer Systeme. Vor diesem theoriestrategischen Hintergrund wird Technik ein wesentlich komplexerer Sachverhalt. Die Soziologie versucht, den Doppelcharakter von Technik – als Medium und Installation, als zugleich sinnhafter und nicht-sinnhafter Sachverhalt – in den Blick zu nehmen, um so ein Verständnis der Folgen der Kopplung von Medium und Installation für soziale Systeme zu gewinnen (Halfmann 1996).

Technik ist zunächst eine Kommunikationsform, durch die Informationen kausal gekoppelt und von anderen Kommunikationsoperationen isoliert werden. Dieser Kopplungs- und Isolierungsakt verlangt zu dessen Sicherung eine Installation, eine Verankerung in nicht-sinnhaften Operationen, seien es physikalische Operationen wie bei der Maschinen- und Apparatetechnik oder biochemische Operationen wie bei der Mnemotechnik. Die installative Absicherung der kausalen Simplifikation von Kommunikation macht Technik erst zu einem Medium der Kommunikation. Technik erlaubt durch ihre Leistung der kausalen Simplifikation mehr kommunikative Anschlüsse und damit höhere interne Komplexität in sozialen Systemen. Die wichtigste Funktion der Technik als kausale Simplifikation ist die Steigerung des Differenzierungsniveaus sozialer (aber auch psychischer) Systeme in ihrem Umweltbezug. Technik ist ein Medium der Kommunikation, und als solches immer abhängig von der Form der Kommunikation, die sich über dieses Medium fortsetzt. Allerdings bleibt der mediale Charakter von Technik stets prekär; er bleibt abhängig vom Funktionieren seiner installativen Verankerung. Wenn Technik nicht funktioniert, wenn die Isolierung der in der Installation eingeschlossenen Kausalität von der Intervention anderer Kausalitäten mißlingt, kollabiert die mediale Leistung von Technik. Technik zeigt dann ihren installativen Charakter: die physikalischen und biochemischen Operationen in einem containment.

Die Kopplung von Technik an Gesellschaft durch die Ko-Operation von medialer und installativer Dimension von Technik ist Ursache der Unberechenbarkeit, der Unbeherrschbarkeit von Technik. Diese Unberechenbarkeit tritt aber eben nur im Akt des Gebrauchs von Technik auf. In diesem Sinne läßt sich von der „Verselbständigung“ der Technik sprechen; allerdings nicht in dem Sinne, daß Technik „an sich“ unbeherrschbar sei, daß sie eine „fremde Macht“ in der Gesellschaft werde, sondern nur in dem Sinne, daß Technik als Installation, als nicht-sinnhafte Operation im Vollzug der gesellschaftlichen Kommunikation unzugänglich ist, eine black box bleibt. Die Gefahren der Technik liegen in der Kontingenz ihres Funktionierens, in der Tatsache, daß man in ihrem Gebrauch nicht wissen kann, wann sie nicht funktioniert.

Die Furcht vor den Gefahren der Technik ist eine Alarmierung über den durch Technik möglichen (und immer wieder gefährdeten) Gewinn an sozialer Differenzierung. Das in Technik enthaltene Innovationspotential, das durch die Verwissenschaftlichung von Technik gesteigert worden ist (Halfmann 1994), erhöht den Variationsspielraum technikverwendender sozialer Systeme bei der Umweltbeobachtung. Erhöhung der Umweltkontrolle durch Technik heißt für soziale Systeme vor allem: Steigerung der Verarbeitungsmöglichkeiten unerwarteter Umweltereignisse durch interne Differenzierung. Dieser Differenzierungsgewinn steht immer wieder auf dem Spiel, wenn Technik kollabiert.

Die Theorie der „technischen Zivilisation" konzentriert sich auf das Phänomen der Unbeherrschbarkeit der Technik in ihrem Gebrauch, also der Kopplung von Technik und Gesellschaft (durch die Kopplung von Technik als Medium an eine Installation) und verdichtet diesen Sachverhalt zu einem Symptom der Unterwerfung der Menschen unter die Technik. Es ist allerdings keineswegs die Funktion der Technik, den Menschen abzuschaffen, sie zielt überhaupt nicht primär auf den Menschen. Ihre Funktion besteht in der Steigerung der Differenzierungschancen sozialer Systeme. An diesem Prozeß sind Menschen beteiligt, vor allem weil ohne die körperlichen Fähigkeiten von Menschen die technischen Installationen nicht entworfen, gebaut oder gewartet werden könnten. Und in diesem Sinne gehört die Anpassung an die organische Ausstattung der Menschen zum Design der Technik. Technik zielt jedoch nicht auf die Steigerung oder Gefährdung der „Subjekthaftigkeit" der Menschen in dem Sinne, daß sie in die Selbstbestimmung des Menschen im „Zivilisations-Natur"-Verhältnis interveniere. Technik zeigt vielmehr den Grad der internen Differenzierung sozialer Systeme gegenüber ihren Umwelten (Natur und Menschen) an. Sichere Technik garantiert die Kontinuität solcher Differenzierungsgewinne in der Zeit. Störfälle der Technik indizieren die Kontingenz und Unsicherheit fortgesetzter sozialer Differenzierung. Die Theorie der „technischen Zivilisation" reflektiert nicht die prekären Implikationen von technischer Fortentwicklung für soziale Systeme, sondern die Beunruhigungen, die dieser Prozeß bei den Individuen auslöst.

Literatur

Anders, Günter (1992), Über prometheische Scham, in: Günter Anders, Die Antiquiertheit des Menschen, Bd. 1, 9. Auflage, München: Beck, S. 21-95

Beck, Ulrich (1986), Risikogesellschaft. Auf dem Weg in eine andere Moderne, Frankfurt a.M.: Suhrkamp

Beck, Ulrich (1988), Gegengifte, Frankfurt a.M.: Suhrkamp

Böhme, Gernot (1985), Anthropologie in pragmatischer Absicht, Frankfurt a.M.: Suhrkamp

Breuer, Stefan (1995), Die Gesellschaft des Verschwindens, Hamburg: Rotbuch

Dordick, Herbert S./Wang, Georgette (1993), The information society. A retrospective view, Newbury Park, Cal.: Sage

Elias, Norbert (1993), Über den Prozeß der Zivilisation, 2 Bände, Frankfurt a.M.: Suhrkamp

Ellul, Jacques (1964), The Technological Society, New York: Vintage Books

Febvre, Lucien (1962), Civilisation: evolution d'un mot et d'un groupe d'idées, in: Pour une histoire à part entière, Paris: Sevpen

Fisch, Jörg (1992), Zivilisation, Kultur, in: Otto Brunner et al. (Hg.), Geschichtliche Grundbegriffe, Bd. 7, Stuttgart: Klett-Cotta, S. 679-774

Freyer, Hans (1958), Theorie des gegenwärtigen Zeitalters, Stuttgart: Deutsche Verlagsanstalt

Freyer, Hans (1961), Über das Dominantwerden technischer Kategorien in der Lebenswelt der industriellen Gesellschaft, Mainz: Verlag der Akademie der Wissenschaften und der Literatur

Freyer, Hans (1965), Der Ernst des Fortschritts, in: Hans Freyer/Johannes C. Papalekas/Georg Weippert (Hg.), Technik im technischen Zeitalter, Düsseldorf: Schilling 1965, S. 80-100

Freyer, Hans/Papalekas, Johannes C./Weippert, Georg (Hg.) (1965), Technik im technischen Zeitalter, Düsseldorf: Schilling

Gehlen, Arnold (1965), Anthropologische Ansicht der Technik, in: Hans Freyer et al. (Hg.), Technik im technischen Zeitalter. Stellungnahmen zur geschichtlichen Situation, Düsseldorf: Verlag Joachim Schilling, S. 101-118

Giddens, Anthony (1995), The Improbable Guru: Re-Reading Marcuse, in: Anthony Giddens, Politics, Sociology and Social Theory. Encounters with Classical and Contemporary Social Thought, Stanford, Cal.: Stanford University Press, pp. 216-232

Habermas, Jürgen (1968), Technik und Wissenschaft als „Ideologie", Frankfurt a.M.: Suhrkamp

Halfmann, Jost (1990), Technik und soziale Organisation im Widerspruch. Zur Unwahrscheinlichkeit der Technokratie, in: Jost Halfmann/Klaus P. Japp (Hg.), Riskante Entscheidungen und Katastrophenpotentiale. Elemente einer soziologischen Risikoforschung, Opladen: Westdeutscher Verlag, S. 12-33

Halfmann, Jost (1994), Unsicherheit durch Wissenschaft. Die Folgen der „Industrialisierung der Wissenschaft" für die Industrie, in: Niels Beckenbach/Werner van Treeck (Hg.), Umbrüche gesellschaftlicher Arbeit, Soziale Welt, Sonderband 9, Göttingen: O. Schwartz, S. 379-391

Halfmann, Jost (1996), Die gesellschaftliche „Natur" der Technik, Opladen: Leske & Budrich

Holling, Eggert/Kempin, Peter (1989), Identität, Geist und Maschine. Auf dem Weg zur technologischen Zivilisation, Reinbek: Rowohlt

Horkheimer, Max/Adorno Theodor W. (1947), Dialektik der Aufklärung. Philosophische Fragmente, Amsterdam: Querido

Israel, Joachim (1972), Der Begriff Entfremdung. Makrosoziologische Untersuchung von Marx bis zur Soziologie der Gegenwart, Reinbek: Rowohlt

Janshen, Doris (Hg.) (1990), Hat die Technik ein Geschlecht? Denkschrift für eine andere technische Zivilisation, Berlin: Orlanda Verlag

Jonas, Hans (1984), Das Prinzip Verantwortung. Versuch einer Ethik für die technologische Zivilisation, Frankfurt a.M.: Suhrkamp

Josephson, Eric/Josephson, Mary (eds.) (1962), Man Alone. Alienation in Modern Society, New York: Dell Publishing

Jünger, Friedrich Georg (1953), Die Perfektion der Technik, Frankfurt a.M.: Vittorio Klostermann

Jungk, Robert (1986), Der Atomstaat. Vom Fortschritt in die Unmenschlichkeit, Reinbek: Rowohlt

Klagenfurt, Kurt (1995), Technologische Zivilisation und transklassische Logik. Eine Einführung in die Technikphilosophie Gotthard Günthers, Frankfurt a.M.: Suhrkamp

Lasch, Christopher (1985), The minimal self, London: Picador

Lübbe, Hermann (1992), Der Lebenssinn der Industriegesellschaft. Über die moralische Verfassung der wissenschaftlich-technischen Zivilisation, Berlin: Springer

Luhmann, Niklas (1984), Soziale Systeme. Grundriß einer allgemeinen Theorie, Frankfurt a.M.: Suhrkamp

Luhmann, Niklas (1986), Ökologische Kommunikation, Opladen: Westdeutscher Verlag

Luhmann, Niklas (1992), Das Moderne der modernen Gesellschaft, in: Niklas Luhmann, Beobachtungen der Moderne, Opladen: Westdeutscher Verlag, S. 11-49

Marcuse, Herbert (1967), Der eindimensionale Mensch. Studien zur Ideologie der fortgeschrittenen Gesellschaft, Neuwied/Berlin: Luchterhand

Mittelstraß, Jürgen (1992), Die Leonardo-Welt. Technologischer Fortschritt und Umwelt, in: Jürgen Mittelstraß. Über Wissenschaft, Forschung und Verantwortung, Frankfurt a.M.: Suhrkamp, S. 11-31

Pankoke, Eckart (Hg.) (1990), Institution und technische Zivilisation. Symposion zum 65. Geburtstag von Johannes Chr. Papalekas, Berlin: Duncker & Humblot

Schäfers, Bernhard (1986), Schelskys Theorie des technischen Staates. Sachgesetzlichkeiten als Bezugsrahmen der Handlungsführung und Sozialkontrolle, in: Burkhard Lutz (Hg.), Technik und sozialer Wandel, Frankfurt a.M.: Campus, S. 502-509

Schelsky, Helmut (1965), Der Mensch in der wissenschaftlichen Zivilisation, in: Helmut Schelsky, Auf der Suche nach der Wirklichkeit, Düsseldorf: Diederichs, S. 439-480

Schoeck, Helmut (1969), Soziologisches Wörterbuch, Freiburg: Herder

Schulze, Gerhard (1992), Die Erlebnisgesellschaft. Kultursoziologie der Gegenwart, Frankfurt a.M.: Campus

Sieferle, Rolf Peter (1984), Fortschrittsfeinde? Opposition gegen Technik und Industrie von der Romantik bis zur Gegenwart, München: Beck

Sieferle, Rolf Peter (1989), Die Krise der menschlichen Natur. Zur Geschichte eines Konzepts, Frankfurt a.M.: Suhrkamp

Spengler, Oswald (1931), Der Mensch und die Technik. Beitrag zu einer Philosophie des Lebens, München: C. H. Becksche Verlagsbuchhandlung

Teusch, Ulrich (1993), Freiheit und Sachzwang. Untersuchungen zum Verhältnis von Technik, Gesellschaft und Politik, Baden-Baden: Nomos

Wallerstein, Immanuel (1991), The modern world-system as a civilization, in: Immanuel Wallerstein, Geopolitic and Geoculture. Essays on the Changing World System, Cambridge: Cambridge University Press, pp. 214-230

Winner, Langdon (1977), Autonomous Technology. Technics-out-of-control as a Theme in Political Thought, Cambridge, Ma.: MIT-Press

Zimmerli, Walter Ch. (1988), Humanisierung der Wissenschaft durch Zivilisationskritik? Neue Dimensionen der Technologie und alte Aufklärungsdialektik, in: Zeitschrift für Wissenschaftsforschung, Bd. 4, H. 2, S. 231-240